ARLESHEIM IM 20. JAHRHUNDERT
GESCHICHTEN UND GESICHTER

HERAUSGEGEBEN VON DER
SÄULIZUNFT ARLESHEIM

ÜBER DIESES BUCH

Am Anfang war – nein, eben *nicht* das Wort. Am Anfang war das Bild, waren viele Bilder. Bilder aus dem Archiv der Gemeinde Arlesheim sowie aus dem einen oder andern privaten Fundus, Bilder, die Peter Stingelin an einem der monatlichen Hocks der Säulizunft seinen Zunftbrüdern in einem Vortrag präsentierte. Das Echo auf die Bilder war klar und deutlich, und doch war es gleichzeitig ein vielstimmiges. Begeistert bis nostalgisch äusserten sich die älteren Zunftbrüder («Weisch no?»), eher verwundert bis ungläubig die jüngeren («Wass? Eso het das ussgseh?»).

Die Meinung war schnell gemacht: Die Bilder dürfen nicht im Archiv verstauben und dürfen nicht im Fundus liegen bleiben, wir müssen sie zeigen, wir müssen sie publizieren, diese Bilder verdienen ein Buch!

Hier ist es.

Im Laufe des Entwickelns sind weitere Bilder von Privaten und aus Vereinen und erst dann ist zu den Bildern das Wort hinzugekommen. Eine Ereignisliste aus Arlesheims 20. Jahrhundert, zusammengestellt von den Arleser «Ureinwohnern» Ruedi Jenzer und Peter Stingelin, brachte die Buch-Macher auf die Idee, dieses 20. Jahrhundert in Jahrzehnte zu unterteilen und jedem Jahrzehnt ein Hauptthema zuzuordnen; das Zuordnen war eigentlich eher ein Ergreifen, die meisten Hauptthemen lagen quasi auf der Hand. Diesen Geschichten haben wir ähnlich klingende Überschriften verpasst; sie beginnen alle mit «Das Jahrzehnt, in dem Arlesheim …»; die Jahrzehnte haben wir garniert mit Porträts markanter Figuren, mit Anekdoten, mit Momentaufnahmen, mit mehr oder weniger wichtigen Arleser Begebenheiten, mit scheinbar Unscheinbarem, und auch mit dem einen oder andern Schmunzelgeschichtchen.

Damit ist gesagt, was das Buch ist.

Und was ist das Buch ausdrücklich *nicht*? Es will kein Geschichtsbuch sein, keine abschliessende Chronik, keine Aufzählung von allem und jedem, es will und es kann nicht komplett sein. Und jede Leserin, jeder Betrachter wird sich gewiss fragen: Warum dies und warum jenes nicht? War da nicht noch der Herr Dings und die Frau Sowieso?

Solche Einwände sehen die Buch-Macher durchaus kommen. Sie verstehen sie als eine Art Mängelrüge; sie verstehen sie gleichzeitig aber auch als Kompliment – als Kompliment an ein Dorf und seine Einwohner und Institutionen, als Kompliment an Arlese, das so reich ist an Figuren und Originalen, an Ideen und Gedanken, reich an Menschen, die planen, und an Menschen, die machen, an Menschen, die gerne ins Gestern blicken (zum Beispiel mit diesem Buch), und Menschen, die sich auf ein Jahrhundert freuen, das mindestens so reich an Geschichten und Gesichtern sein wird wie das zwanzigste. fw

Für Ihre Erinnerungen, Ergänzungen und Korrekturen:
www.arlesheim20.ch

Links. Die Postkarte aus dem alten Arlesheim zeigt zwei Schaustücke des Dorfs: Hofgut des Andlauerhofs und Schloss Birseck.

GRUSSWORT DER GEMEINDE

Liebe Leserin, lieber Leser
So bunt und vielfältig unsere Gemeinde ist, so zahlreich sind auch die Geschichten über Arlesheim und seine Menschen. Was bewegt ein Dorf? Was kommt in die Geschichtsbücher oder in die Dorfchroniken? Was kommt in das Buch der Säulizunft «Arlesheim im 20. Jahrhundert – Geschichten und Gesichter»? Sind es die Nachtbuben, die Ölsoldaten oder ein Rindvieh in der Bank? Sind es Militaryreiter, Schützen oder Schützinnen, Leichtathleten oder Axel der Springer? Sind es der Weinbauer, der Bildhauer oder der Fremdenlegionär? Sind es Kabarettisten, Trämler oder die Frauen am Frauenstreik, welche unser Dorf in den vergangenen hundert Jahren bewegt haben?
Wo war das erste Hallenbad und wo wohnte der Arlesheimer Bundesrat? Gibt es auch Spass in der Amtsstube oder was ist mit dem Pappelstreit? Auf diese und viele andere Fragen finden Sie Antworten in den vielen Geschichten in und aus unserem Dorf Arlesheim. Geniessen Sie diese Erlebnisse vergangener Tage und tauchen Sie ein in die Geschehnisse aus den letzten hundert Jahren. Und vor allem: Begegnen Sie Menschen aus Arlesheim.

Kalle Zeller, Gemeindepräsident
Herbst, 2009

INHALT

1900 – 1910	9
DAS JAHRZEHNT, IN DEM ARLESHEIM IN FAHRT KAM	11
Pfarrer Sütterlin und seine Heimatkunde von 1904	15
Hermann Heller – der ewige Gemeindeverwalter	16
Die billige Freinacht – Nachtbuben treiben ihr Unwesen	17
1910 – 1920	19
DAS JAHRZEHNT, IN DEM ARLESHEIM DEM WASSER AUF DEN GRUND GING	21
Eine sonderbare Nazi-Spur in Arlesheim	24
Unter «Kollegen» – der Gärtnerstreit	25
Otto Rüegg – dr Schluuch-Otti	26
An die Geehrten «Tit. Telephon-Abonnenten unseres Netzes»	29
Die Spanische Grippe	29
1920 – 1930	31
DAS JAHRZEHNT, IN DEM ARLESHEIM SEINEN DORFKERN RETTETE	33
Der Schlangenhansi	37
Was die Gemüter bewegte – Migration, Maikäfer und Kohle	39
Emil Frey – Lausbub und Bundesrat	40
1930 – 1940	43
DAS JAHRZEHNT, IN DEM SICH ARLESHEIM ARBEIT BESCHAFFTE	45
Das Werk Ita Wegmans	48
Marie Schaulin – die letzte Botenfrau	50

1940 – 1950	53
DAS TRÜBE JAHRZEHNT, IN DEM ARLESHEIM	
SEINE HEITERKEIT BEWAHRTE	55
Eine Kindheit während des Zweiten Weltkriegs	58
Max Frisch, Dipl. Arch.	59
Aernschd Schaad – ein Teil des Dorfbilds	60
1950 – 1960	63
DAS JAHRZEHNT, IN DEM ARLESHEIM SCHWIMMEN LERNTE	65
Die teure Füllfeder	68
Werner Kilcher – Olympia, Wein und Umweltschutz	69
Weihnachts- und Gewerbe-Ausstellung	70
Alfred Rasser – Kabarettist und Nationalrat	71
1960 – 1970	73
DAS JAHRZEHNT, IN DEM ARLESHEIM SICH EIFRIG WEITERBILDETE	75
Geschichten und Anekdoten rund um die Schule	78
Entwicklung der Schulen in Arlesheim von 1700 bis 2009	78
Der Ölfleck im Dom	79
Von der Schutthalde zum Rebberg	81
Die Säulizunft Arlesheim	83
1970 – 1980	89
DAS JAHRZEHNT, IN DEM SICH ARLESHEIMS GEWERBE WEHRTE	91
Die Theater-Brüder	95
Der Pappelstreit	95

Das Rindvieh in der Bank	96
Georg Langenbach – die Trämlerlegende	96
Schöne Bescherung	97
1980 – 1990	99
DAS JAHRZEHNT, IN DEM ARLESHEIM SEINEN DORFKERN	
ZUM ZWEITEN MAL RETTETE	101
Walter Stürms fieser Trick	104
«…und kaufsch guet y»	105
Das verschwundene Bildstöckli	106
Albert Schilling – Bildhauer und Denker	107
1981: 300 Jahre Dom zu Arlesheim	108
1990 – 2000	111
DAS JAHRZEHNT, IN DEM ARLESHEIM FEUER FÄNGT	113
Männerchor und Frauenstreik	115
Arlesheim als Gesamtkunstwerk	116
Moderne Höhlenbewohner	119
Spass in der Amtsstube	120
Die Arleser Märkte	120
2000 – 2099	123
DIE JAHRZEHNTE, DIE NOCH VOR UNS LIEGEN	125
Quellen	128
Impressum	130
Arlesheim im Jahr 2068	132

1900 – 1910

IM JAHR 1850 IST ARLESHEIM EIN DÖRFLEIN MIT 910 EINWOHNERN; 30 JAHRE SPÄTER SINDS NUR GERADE 37 MEHR. DER ORT BEGINNT IM LETZTEN JAHRZEHNT DES 19. UND IM ERSTEN DES 20. JAHRHUNDERTS STARK ZU WACHSEN – 1910 HAT ARLESHEIM 1952 EINWOHNER (UND 12 BEIZEN!). DER BAU DER BIRSECKBAHN HAT STARK ZUM WACHSTUM BEIGETRAGEN.

Links. Postkarte mit Sommertram der Birseckbahn: Haltestelle Arlesheim Dorf.

DAS JAHRZEHNT, IN DEM ARLESHEIM IN FAHRT KAM

Das wichtigste Ereignis der Arlesheimer Geschichte im ersten Jahrzehnt des 20. Jahrhunderts ist zweifellos die Eröffnung der von Basel über Arlesheim nach Dornach führenden Birseckbahn am 2. Oktober 1902. Wir fragen uns, wie denn Arlesheim kurz nach seiner Erschliessung durch das Tram ausgesehen haben mag, und konsultieren zu diesem Zweck eine Werbebroschüre des bezeichnenderweise zwei Jahre nach dem «Tram-Event» gegründeten Verkehrs- und Verschönerungsvereins.

Der neue Verein hält sich ehrlich und realistisch an die Tatsachen; er schreibt: «Das Dorf bietet zwar seinen Besuchern keinen Ausblick auf die majestätischen Berge der Schweizeralpen: es besitzt nicht das Imposante, Staunenerregende seiner Schwestern im Alpenlande; vielmehr ist es das Liebliche, das Angenehme, das Beruhigende seiner Schönheit, was ihm seinen besonderen Reiz verleiht. Als ein Veilchen unter den weithin strahlenden Blumen des Schweizerlandes, ein vom grossen Fremdenstrom unberührtes Sommeridyll, verdient es in hohem Grade die Beachtung aller Naturfreunde seiner näheren und weiteren Umgebung.» Und was verbirgt sich hinter den schönen Veilchenblättern des Dorfes, das erstmals 708 n. Chr. urkundlich erwähnt wird? Statistiken bringen es an den Tag: Arlesheim weist 1900 eine Bevölkerung von 1600 Einwohnern auf, das Dorf ist mehrheitlich katholisch; während die 1040 Katholiken den Gottesdienst im Dom besuchen, müssen sich die 560 Reformierten mit einer Kapelle begnügen; die reformierte Kirche wird erst 1912 gebaut. Obwohl der Bezirkshauptort die Bezirksschule 1836 an Therwil abtreten musste, weist das Dorf ein breites Bildungsangebot auf. Neben der Primarabteilung (1.–6. Schuljahr) gibt es auch die für das 7. und 8. Schuljahr vorgesehene Gemeindeschule. Jünglinge vervollkommnen sich in der Gewerblichen Zeichnungsschule im Freihandzeichnen, im Bau- und gewerblichen, im Maschinenzeichnen sowie in Geometrie und Buchhaltung; eine Fortbildungsschule bereitet zudem für die Rekrutenprüfung vor, während Mädchen Haushaltungskurse besuchen können. Wer sich weiterbilden will, hat überdies Zugriff zur Volksbibliothek, die jeweils am Sonntag von 11 bis 12 Uhr im Schulhaus gegen eine Eintrittsgebühr von 1 Franken geöffnet ist. Auch den Anschluss an die Moderne hat Arlesheim geschafft. Das öffentliche Telefon steht jeweils von 5 Uhr bis 21 Uhr zur Verfügung. Dass das Fernsehen noch weit weg ist und man das Vergnügen in der Geselligkeit sucht, geht aus der beeindruckenden Liste der Gasthöfe und Wirtschaften hervor: «Logir-Zimmer» besitzen der Löwen, das Rössli, der Ochsen, der Adler und die Krone, während Eintracht, Jägerstübli, Renz, Elsässer, zum Tramway und Kaffestube als einfache Verpflegungsstätten und Wirtshäuser dienen. Mit einem Eintrittspreis von 10 Rappen lockt die Badeanstalt in Neu-Arlesheim. Wohlfeil ist auch der Wasserkonsum: 12 Franken sind für einen Wasserhahn zu bezahlen, während der Strompreis vier Rappen pro Hektowattstunde beträgt.

EIN BAUERNDORF
Ein Blick in die erstmals 1905 durchgeführte eidgenössische Betriebszählung macht deutlich, dass Arlesheim zu Beginn des 20. Jahrhunderts trotz Schappe mit ihren mehrheitlich auswärtigen 1218 Beschäftigten noch immer starke bäuerliche Spuren auf-

Links. Komposition der Birseckbahn beim Bahnhof Dornach-Arlesheim.

Oben. Der Garten des Restaurants Tramstation. Links aussen die langjährige Wirtin Emma Merkt-Mülchi; im Hintergrund das Tramdepot. Ein Bild aus dem Jahr 1918.

Rechts. Dienstzug der Birseckbahn mit Equipe. Ein Bild aus dem Jahr 1978.

weist; das Dorf zählt nicht weniger als 51 landwirtschaftliche Betriebe mit 207 Beschäftigten. Was trägt ferner zur Charakterisierung eines Dorfes bei? Natürlich die Vereine; stellvertretend für alle erwähnen wir nur gerade den Verkehrs- und Verschönerungsverein, er versprach sich vom Trambetrieb eine nachhaltige Werbung für das naturschöne und historisch so reiche Birsecker Dorf.

DIE INITIANTEN

Wer hat wohl das «Jahrhundertunternehmen Birseckbahn» initiiert, fragen wir uns. Ist es «Liestal» oder gar «Bern», oder sind es vielleicht die Gemeinden Arlesheim, Dornach und Münchenstein gewesen? Weder noch: treibende Kraft war vielmehr und bezeichnenderweise ein dem neuen Industrie- und Wirtschaftsgeist verpflichtetes Unternehmen, die seit 1830 in Münchenstein domizilierte und auf den Bau elektrischer Gleichstrombahnen spezialisierte Elektrizitätsgesellschaft Alioth AG. Ähnlich wie 1897 die Maschinenfabrik Oerlikon vor ihren Toren die mit Gleichstrom arbeitende Strassenbahn Zürich–Oerlikon–Seebach in Betrieb genommen hatte, so wollte nun auch die Firma Alioth ihre «eigene» elektrische Bahn in direkter Nachbarschaft zur Fabrik haben. Die noch heute Brown Boveri genannte Haltestelle hiess denn auch zunächst Alioth, bis 1910, als die Alioth AG an den Brown-Boveri-Konzern überging.

GRÜNE WAGEN

Am 6. Oktober 1902 nimmt die Birseckbahn, die sich als sogenanntes «elektrisches Tramway» charakterisiert, nach nur siebenmonatiger Bauzeit des 8,5 km langen Trassees ihren Betrieb fahrplanmässig auf. Im Sommer gibt es werktags 50, im Winter 40 Fahrten in jeder Richtung, der Fahrpreis beträgt bei einer 24-minütigen Fahrtdauer von Dornach bis zum Aeschenplatz 40 Rappen. Arlesheim zählt zunächst fünf Stationen: Arlesheim Dorf, Im Lee, Hirsland, Stollenrain sowie die Station der Elektrizitätsgesellschaft Alioth (später Brown Boveri). Sie sind alle mit «Unterstandsmöglichkeiten» für die Passagiere ausgrüstet, den hölzernen «Schirmhütten». Bis 1916 besorgen die Basler Strassenbahnen den Betrieb des «Dornachers»; entsprechend ist der Wagenpark grün. Mit der Übernahme des Betriebs in eigener Regie gibt der Verwaltungsrat 1916 der Bahn eine eigene Identität: er beschliesst, «sucessive alle grünen Wagen mit dem dem Landschaftsbild besser angepassten Gelb zu streichen», um damit dem Publikum in der Stadt, «das von weither an der Farbe erkennen kann, ob es ein Birsecker oder Aescher Tram auf dem Aeschenplatz warten sieht, eine nicht zu unterschätzende Annehmlichkeit» zu bieten. Vier «Gründungswagen» galt es damals zu streichen, zwanzig Jahre später zählt die Flotte bereits 36 Einheiten. 1974 büsst die Birseckbahn ihre Selbstständigkeit ein, sie wird zusammen mit anderen Vorortsbahnen in die Baselland Transport AG

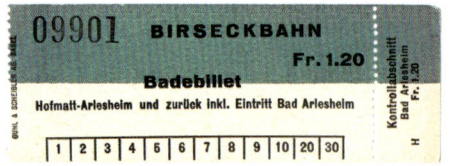

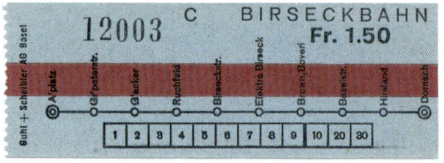

integriert, und so fragen wir uns rückblickend: Worin unterschied sich der Trambetrieb der etwas beschaulicheren sogenannten «guten alten Zeit» vom heutigen? Hier eine kleine Auswahl «augenfälliger» Unterschiede:

Mit dem Jahreswechsel 1970/71 werden die einst uniformierten Billeteure der Birseckbahn – sie besorgten die Billettkontrolle und prägten massgeblich das «Tramklima» – durch die seelenlosen Billettautomaten ersetzt.

Das emaillierte Hinweisschild «Das Auf- und Abspringen während der Fahrt ist verboten» hat ebenfalls längst ausgedient. Tramtüren sind, dem Zeitgeist entsprechend, automatisiert.

Während die Billette der Birseckbahn mehrfarbig waren, sind Fahrkarten der BLT einheitlich weiss. Auch die so genannten «Badebillette», z. B. «Hofmatt–Arlesheim und zurück inkl. Eintritt Bad Arlesheim für Fr. –.70», gehören der Vergangenheit an.

Und so bleibt für ältere Zeitgenossen nur die Erinnerung an den legendären «Crèmeschnitten-Express»; der Autor Hansrudolf Schwabe schreibt: «In der von ihren grünen Tramwagen belebten Stadt Basel sah und hörte jedermann sogleich, wenn ein ‹Dornacher› kam. Alles war stämmiger, bäurischer – auch die Luftbremse und der Bremskompressor tönten anders, knatternder, knarrender. Die Fahrt hinaus nach Arlesheim und Dornach war für uns Buben, die wir von den Eltern auf Ausflüge mitgenommen wurden, aufregend und irgendwie fremdartig. Rüttelnd und schüttelnd, mit scheinbar hoher Geschwindigkeit, schleuderten die Anhänger ihre Stehplatzpassagiere von einer Ecke in die andere.» rs

Links. Billette der Birseckbahn BEB aus verschiedenen Epochen. Oben das Kombi-Badebillett, das zum Eintritt ins Schwimmbad berechtigte.

Rechts. Restaurant Tramstation bei der Haltestelle Dorf. Ein Bild aus dem Jahr 1915.

PFARRER SÜTTERLIN UND SEINE HEIMATKUNDE VON 1904

Arlesheimer Dorfbewohner um 1910: Familie Leuthardt vor der Liegenschaft Ermitagestrasse 10.

Die Ecken des Buchs sind stark abgestossen, die eine oder andere Seite hat einen Jahrzehnte alten Falt, die Prägeschrift auf dem blauen Buchdeckel ist längst nicht mehr goldglänzend, sondern eher matt, oben rechts ist das Buch leicht aufgequollen, jemand muss über der Ecke mal etwas verschüttet haben – ein Glas Bier vielleicht? Und dennoch ist das Buch heute eine alte Arleser Kostbarkeit. Kostbar war es schon damals, als es noch in der Wirtsstube auflag; die Besitzer «sicherten» es jedenfalls gegen Diebstahl, indem sie das Buch mehrfach mit ihrem Stempel markierten: «J. Merkt-Mülchi – Tramstation – Arlesheim». Hier, im Restaurant, hatte es aufgelegen, zusammen mit Tageszeitungen und Illustrierten. Georg Sütterlin (1829–1907), Pfarrer, Dekan und Ehrenbürger von Arlesheim, hat diese Heimatkunde des Dorfes und der Pfarrei Arlesheim 1904 geschrieben; der Verkehrs- und Verschönerungsverein Arlesheim hat sie kurz danach herausgegeben, die

Buchdruckerei Schmidt hat sie gedruckt. Das Buch ist viel mehr als ein Standardwerk, es ist eine tiefe Fundgrube. Die Exemplare der Erstauflage sind zwar rar, aber auf Initiative von www.arlesheim-dom.org wurde Sütterlins Heimatkunde 2006 neu aufgelegt und ist als Paperback oder als E-Book wieder erhältlich. fw

Die Kaffeehalle an der Baselstrasse: Café, Restaurant und Vereinshaus der Katholischen Kirchgemeinde. Die Kaffeehalle machte später einer Wohnüberbauung Platz.

HERMANN HELLER – DER EWIGE GEMEINDEVERWALTER

Man sagt, früher seien die wichtigsten Menschen im Leben eines Dorfes der Pfarrer und der Lehrer gewesen. Das hat etwas für sich. Eine weitere Person hatte allerdings ebenfalls entscheidenden Einfluss im Gemeindewesen: Der Gemeindeverwalter. Hermann Heller war Gemeindeverwalter. In dieser Funktion amtete er auch als Zivilstandsbeamter und notierte also in feinsäuberlicher Handschrift in seine noch heute einsehbaren dicken Bücher alle Geburten, Hochzeiten und Todesfälle in seiner Gemeinde. An Hermann Heller kam demnach niemand vorbei. Er kannte alle im Dorf, mindestens deren notierte Lebensumstände. Und alle kannten ihn. Bereits im Alter von 24 Jahren trat er seine beamtete Stelle an. Ab 1897 bis 1942 war er 45 Jahre lang Gemeindeverwalter von Arlesheim und damit mit Abstand der Amtsinhaber mit der längsten Verweildauer in den letzten 170 Jahren! Hermann Heller war ein distinguierter Herr. Nie ging er aus dem Haus ohne adäquates Äusseres. Er trug immer schwarze Kleidung, ein weisses Hemd mit Krawattenknoten und natürlich ein Gilet, darin im Uhrenfächli eingesteckt die Taschenuhr, unübersehbar an der silbernen Kette. Selbst zuhause war er immer comme il faut gekleidet. Er war von eher geringer Gestalt; seine Erscheinung war geprägt von einem kleinen Spitzbauch und dem (zur damaligen Zeit fast obligatorischen) winzigen Schnurrbart. Sein Büro in der Gemeindeverwaltung am Domplatz war klein und spartanisch eingerichtet. Ein Stehpult am Fenster, aufgereiht an den Wänden links und rechts die Kästen mit den dicken Büchern der persönlichen Geheimnisse «seiner» Einwohnerinnen und Einwohner. Die mit nach unten und nach oben aufrollbaren Türen versehenen Kästen markierten mit schnarrendem Geräusch jeweils den Beginn und das Ende der Bürozeiten.

Hermann Heller war also eine Respektsperson. Nichts belegt das besser als seine mit Nachdruck durchgesetzte Forderung, er wünsche mit «Herr Verwalter» angesprochen zu werden.

Mein Grossvater Hermann Heller-Häner starb 81-jährig 1954 in seinem Haus an der Domgasse 7. fh

Sie waren erst die Traktoren der Bauern, danach die Fleischlieferanten für die Metzger: Ochsen vor dem Gasthof zum Ochsen. Auf dem Bild von 1922 hält Fritz Jenzer (links) den riesigen Ochsen, dahinter sein Vater Friedrich und seine Schwester Anna.

DIE BILLIGE FREINACHT – NACHTBUBEN TREIBEN IHR UNWESEN

Schmierereien, Sachbeschädigung, Vandalismus sind keine Erfindung des 21. Jahrhunderts. Schon 1910 machte sich ein Leser des Arlesheimer Bezirksblatts in einem Leserbrief Luft: «Es kommt leider in jüngster Zeit in hier oft vor, dass von sogen. Nachtbuben grösseren Kalibers Beschädigungen an Umzäunungen, Ruhebänken, Wegweisern etc. verübt werden. So hauste am Karfreitag in der Frühe eine Rotte solcher, sie demolierten eine elektrische Strassenlampe, beschädigten Hääge, Fensterläden etc. Glücklicherweise wurden sie diesmal vom Nachtwächter entdeckt und wird die exemplarische Strafe nicht ausbleiben. Leider geht es immer mit Geldbussen ab.»
Der Leserbriefschreiber hat denn auch die Lösung des Problems parat: «Das Interessante an dieser letzten Affäre ist wieder die leidige Tatsache, dass Freinachts-Bewilligungen so leicht erhältlich sind, trotzdem sie in Liestal verlangt werden müssen und zwar um die lumpige Taxe von Fr. 1.–, sage ein Franken, für die Freinacht. Überhaupt sollten für solch hohe Festabende, wie auf den Karfreitag Freinachts-Gesuche abschlägig beschieden werden.»
Und schliesslich der Wink an die kantonale Politik: «Es soll ein neues Wirtschaftsgesetz im Entwurfe sein und da möchten wir dem Landrat angelegentlich empfehlen, für Bewilligungen von Freinächten je nach der Dauer der letzteren eine Taxe von 5.– bis 10.– Fr. festzusetzen. Es gäbe dann sicher weniger derartige Gesuche.» fw

1910 – 1920

Von 1910 bis 1920 nimmt die Bevölkerung Arlesheims erneut um rund 20 Prozent zu, von 1952 auf 2350. Der Ort muss sich vor allem um eine verbesserte Wasserversorgung kümmern. Unter anderem wird der Dorfbach eingedolt – das wurde damals noch als Zeichen der Fortschrittlichkeit gewertet.

Links. Bau des Birswuhrs durch die Firma BBC beim heutigen Heidbrüggli bei der Reinacherheide. Ein Bild aus dem Jahr 1916.

DAS JAHRZEHNT, IN DEM ARLESHEIM DEM WASSER AUF DEN GRUND GING

«Diesen Tag werde ich so schnell nicht mehr vergessen; es war ohne Zweifel mein bisher intensivster Tag als Abwart.»
Mit «diesem Tag» ist der Donnerstag, der 9. August 2007, gemeint; und der Mann, der den Tag so schnell nicht vergessen wird, ist Dominique Lohmuller, als Hauswart zuständig für die Haustechnik der Würth AG am Dornwydenweg, nicht weit weg von der Birs.
Die Birs hatte viel zu schlucken in jenen Tagen, als in der Nordwestschweiz so viel Niederschlag fiel, wie die Statistik nur für drei-, viermal pro Jahrhundert ausweist. Mit dem sichtbaren Birswasser stieg natürlich auch das unsichtbare Grundwasser in den an den Fluss angrenzenden Zonen. Gut, dass die Ingenieure, die die Würth AG bauten, einen derartigen Fall vorgesehen hatten; sie hatten nämlich errechnet, dass steigendes Grundwasser auf den Baukörper, insbesondere die Autoeinstellhalle, einen Auftrieb erzeugen und so an der Statik des Gebäudes rütteln würde. Da müsste ein Gegengewicht gegeben werden, und die Ingenieure sagten sich, der gefährliche Druck von aussen wäre am ehesten mit dessen eigener Waffe zu schlagen, also mit Wasser, und schufen eine Anlage, mit der die Einstellhalle geflutet werden kann.
Am Morgen des 9. August 2007 also traf dieser Ernstfall ein, zum ersten Mal. Dominique Lohmuller und sein Team wussten, dass nach dem Alarm anderthalb Stunden Zeit blieb, um die Autos aus der Halle zu rollen, ehe geflutet werden musste. Weil aber nicht jeder Autobesitzer erreichbar war, musste die eine oder andere Autoscheibe eingeschlagen werden. Es war ein hektischer Einsatz, aber er glückte; die Halle wurde zeitig geräumt, Dominique Lohmuller öffnete die Schleusen, rund 900 000 Liter Wasser verwandelten die Halle in einen rund einen Meter hohen See. «Trotz aller Dramatik – es war ein fast romantischer Anblick», erinnert sich Marc Lüthi von der Würth Unternehmenskommunikation. Der Schaden war rasch bilanziert; er lag minim über null. Eine gute Bilanz in den wohl heikelsten Momenten aus rund 100 Jahren Arlesheimer Grundwasser-Geschichte.

WASSER AUS QUELLEN

Etwa einen Drittel dieser 100-jährigen Geschichte hat Franz Kink (1944) aus der Nähe miterlebt, 18 Jahre lang als stellvertretender Brunnenmeister, danach 16 Jahre lang als Brunnenmeister von Arlesheim. «Generell kann es mir natürlich nicht gefallen, dass man überhaupt ins Grundwasser hineinbaut», ist Franz Kinks etwas andere Sichtweise zum 9. August 2007, ohne zu verkennen, dass die bevölkerungsmässige und wirtschaftliche Entwicklung des Ortes zu gewissen Zwängen führt.
Ein anderer, der sich früh schon, nämlich ums Jahr 1890, um die Arleser Wasserversorgung sorgte, war der Herr Brüderlin, ehemaliger Direktor der Schappe. In einem Bericht an die Wasserversorgungskommission schreibt er: «In der Zeit sind die Übelstände derart, dass man es kaum glauben sollte, und wie sie im geringsten unserer Nachbardörfer weit und breit nicht wieder angetroffen werden.» Das hatte Folgen: Ab 1893 war in Arlesheim das öffentliche Leitungsnetz in Betrieb; es wurde gespeist aus der Flesch-Quelle in der Gobenmatt. Aus dieser Region erhielten auch der Domplatzbrunnen und die Domherrenhäuser ihr Wasser und na-

Links. Einweihung des neuen Dorfbrunnens 1944.

türlich auch die öffentliche Wasch- und Badeanstalt hinter dem Dom, die 1905 eröffnet und zunächst vom Verkehrsverein Arlesheim betrieben wurde. 1912 übernahm der Gärtner Emil Meyer die Anstalt; zu den warmen Bädern und Brausebädern kamen nun Sol- und Medizinalbäder dazu. Ein Fräulein Meier hielt den Betrieb der Badanstalt an der Kirchgasse 10 bis in die Fünfzigerjahre des 20. Jahrhunderts aufrecht.

PRIVATE INITIATIVE

Als Kuriosum darf bezeichnet werden, wie der Gemeinderat in den ersten Jahren des 20. Jahrhunderts das Problem des knapper werdenden Wassers löste. Er schlug der Gemeinde vor, die auf Dornacher Boden liegende Tiefentalquelle, auch Tüüflete genannt, zu erwerben. Weil aber die Zeit bis zur nächsten Gemeindeversammlung nicht reichte und weil sich auch andere Gemeinden für die Quellen zu interessieren begannen, entschlossen sich im Juli 1904 die damaligen Mitglieder des Gemeinderats «unter dem dankenswerten Zuzug einiger Herren, die Quellen sofort auf eigenen Namen zu erwerben». Im Oktober 1904 konnte dann der Gemeinderat der (an einem Sonntag stattfindenden) Gemeindeversammlung vorschlagen, den bisherigen Eigentümern die Quellen zum Selbstkostenpreis abzukaufen.

Die für Arlesheims Wasserhaushalt wichtigen Jahre liegen aber zwischen 1910 und 1920. Da wurde die Erfassung des Grundwassers im Tal geplant; 1920 ging dort das erste Grundwasserpumpwerk in Betrieb. Im gleichen Jahrzehnt wurde der Dorfbach eingedolt; in einem Bericht aus dem Jahr 1915 heisst es dazu: «Der Bach scheint heute mehr die Kehrichtgrube der Anstösser zu sein als etwas anderes. Kessel und defekte Haushaltungsartikel etc. liegen in Massen im Bach.» Das Wasser aus der Ermitage wurde dann erst wieder nach dem Bachtelengraben, kurz von den Bahngeleisen, sichtbar, in einem Kanal, der im Volksmund absolut zutreffend «Schissibächli» genannt wurde; manchmal verriet die Farbe der Brühe hier sogar, wann im Dorf oben grad geschlachtet

Rechts. Die Arlesheimer Badanstalt der Familie Meyer-Wilhelm.

Unten. Inserat für die Badanstalt im Wochenblatt.

Warmwasser-Badanstalt Arlesheim.
Geöffnet: Donnerstag, Freitag, Samstag sowie Sonntag Vormitt.
Warme Bäder à 60 Cts.
Brausebäder à 25 „
Dutzendkarten für warme Bäder à Fr. 6.—
„ „ Brausebäder à „ 2.—
Die Kommission zur Badanstalt.

worden war. Seit 1971 darf der Bach wieder munter und einigermassen natürlich den ganzen Bachtelengraben hinunterstriezeln, und sogar im Dorfzentrum ist der Dorfbach kurz zu erahnen: in einem aufgehängten Kanal fliesst er durch die Migrosfiliale.

DAS WERTVOLLE GUT

Den Bau des ersten Arleser Grundwasserpumpwerks im Jahr 1920 darf man getrost als Pionierleistung von grosser Nachhaltigkeit bezeichnen; fast 80 Jahre lang hat es funktioniert, 1999 erst wurde es abgebrochen. Seither tun die Pumpwerke 2 und 3 ihren Dienst, schaffen zuverlässig das wichtigste Lebensmittel in die höher gelegenen Reservoire, vorwiegend nachts, wenn der Strom etwas günstiger ist. «Arlesheim ist gut versorgt», sagt Franz Kink; die Bewohner seien gut bedient und mit dem Arleser Wasser zufrieden. Nicht einmal an seinem dramatischsten Arbeitstag habe er sich Beschwerden anhören müssen; an einem Sommertag 1989 habe er innerhalb von 24 Stunden 12 Leitungsbrüche verzeichnen müssen – Schwerstarbeit damals, heute eine heitere Anekdote.

Wie sorgfältig Arlesheim sein Wasser bewirtschaftet, ist auch an der grossen Zahl der öffentlichen Brunnen abzulesen; 19 sinds, und jeder so gepflegt und so sauber, dass man sich getrost daraus versorgen dürfte. Ein Zeichen für sorgsamen Umgang mit Wasser haben auch Heinz und Marianna Burgener mit ihrem Haus im Langacker gesetzt. Einerseits haben sie einen (kleinen) Schritt zurück in die Jahre vor 1893 getan, als die Wasserversorgung

Oben links. Der Arlesheimer Dorfbrunnen um 1940.

Oben rechts. Der neue Dorfbrunnen von Arlesheim. Ein Bild aus der Mitte der 70er-Jahre.

Pumpstation im Reservoir Spitalholz, Mitte der 80er-Jahre.

in Arlesheim noch Privatsache war, gleichzeitig nutzen sie eine technische Einrichtung, die zukunftsweisend sein müsste. Das Dachwasser ihres Hauses schiesst nicht in die Kanalisation, sondern fliesst in einen 10 000 Liter grossen, im Garten versenkten Betontank. Der Tank speist die Biotope und die Wasserhahnen im Garten sowie, dank Druckerhöhungsanlage und separatem Leitungsnetz, sämtliche Toilettenspülungen in den Wohnungen und Büros des Hauses. «Die Anlage amortisiert sich nie», sagt Heinz Burgener, aber zwei andere Aspekte gewichten die Burgeners stärker als den finanziellen: Sie haben sich in ihrem Garten zusätzliche Lebensqualität geschaffen durch das Gestaltungselement Wasser, und sie halten die Anlage für ökologisch wertvoll – dem Wasser Zeit lassen, statt es schnellstmöglich der Kanalisation und den begradigten Flüssen zuzuführen.

Dass das Wasser tatsächlich etwas sehr Sinnliches sein kann, erleben Arlesheims Kinder schon seit 1870: Dem etwas angejahrten metallenen Waldgeist des Dreiröhrenbrunnens den Mund über seinem moosig-kalkigen Bart zuzuhalten und zu warten, bis es links und rechts aus den Röhren fliesst – ein ewig modernes Vergnügen. fw

EINE SONDERBARE NAZI-SPUR IN ARLESHEIM

Die südbadische Stadt Müllheim stritt jahrelang darum, ob eine ihrer Strassen «Hermann Burte-Strasse» heissen dürfe; in Efringen-Kirchen wurde einer Schule die Bezeichnung «Hermann Burte-Schule» untersagt. Der süddeutsche Autor Hermann Burte wurde 1879 in Maulburg als Hermann Strübe geboren und starb 1960 in Lörrach; Strübe hatte eine seiner Romanfiguren Burte genannt und darauf für sich dieses Pseudonym gewählt.

«Starke nationalsozialistische, brutal sozialdarwinistische und nicht zuletzt auch antisemitische Passagen» hatten Kritiker in Burtes Werken ausgemacht; 1936 hat Burte die Mitgliedschaft zur NSDAP beantragt. Der «Abdruck», den dieser Mann in Arlesheim hinterlassen hat, ist nur gerade diese zwei Druckzeilen kurz: ««Wiltfeber» wurde geschrieben im Sommer 1911 in Arlesheim und ist in erster Auflage erschienen im Januar 1912» steht auf Seite 4 als Vorbemerkung zu Burtes Roman «Wiltfeber»,

herausgegeben vom Leipziger Haessel Verlag 1912. Eine unbedeutende, aber eine rätselhafte Spur. Und die einzige. Die Gemeinde Arlesheim kennt die Namen ihrer Einwohner von 1911, einen Hermann Burte findet man nicht. Gut so. Gut, dass der Ort nie in Versuchung geraten konnte, eine ihrer Strassen oder Schulen nach einer solchen «Berühmtheit» zu benennen. fw

UNTER «KOLLEGEN» – DER GÄRTNERSTREIT

Es war ein Boxkampf, der sich über mehrere Wochen hinzog und sich noch durch ein paar weitere Besonderheiten auszeichnete. Er fand nicht in einem Ring statt, sondern auf dem Papier des Wochenblatts, die Kämpfer waren nicht faustfechtende Athleten, sondern verbal prügelnde Gärtner, einen Sieger gabs wohl keinen, aber dennoch wird sich das lesende Arleser Publikum köstlich amüsiert haben. Das abgebildete Inserat ist das erste schriftliche Zeugnis eines langen Streits.

In den folgenden Ausgaben des Wochenblatts überschütteten sich die Herren Wilhelm Pfetzer und Friedrich Henner mit Unfreundlichkeiten und Beleidigungen, die weit über die Frage von beruflicher Kompetenz oder eben Inkompetenz hinausgingen und sehr privat werden konnten. «Grossmaul» und «armer Schlucker» warfen sie einander an den Kopf – dennoch unterzeichneten sie ihre Offenen Briefe und Erwiderungen jeweils «achtungsvoll» oder «mit gebührender Hochachtung».

Jahrzehnte später wird ein weiterer Gärtner, nämlich der Sohn des besagten Friedrich Henner, im Dorf für Heiterkeit sorgen. Auf seine bekannt zynische Art äusserte er sich zur Sanierung des Domplatzes, einem wichtigen Gesprächsstoff im Dorf, weil sie zu einer kostspieligen Angelegenheit zu werden drohte. Hardy Henners Lösung wäre die folgende gewesen: «Verlegt doch am besten einen Rasen auf dem Domplatz, dann hört man das Klimpern nicht, wenn der Gemeinderat unser Geld zum Fenster rauswirft.» fw

Die Gärtnerei Henner. Auf einem Bild aus den 50er-Jahren.

Warnung.

Wenn Herr Pfetzer, Gärtnerei, seine Verläumdungen gegen Unterzeichneten nicht einstellt, so sieht sich derselbe veranlasst, gerichtlich vorzugehen. 749
Arlesheim, 7. Okt. 1910.
Fr. Henner, Gärtner.

OTTO RÜEGG – DR SCHLUUCH-OTTI

Otto Rüegg in seiner Werkstatt.

Übernamen waren gang und gäbe im Arlesheim des 20. Jahrhunderts, meist originell, oft verknüpft mit der beruflichen Tätigkeit der Person – und nie beleidigend. So gabs etwa den Schlurbbechlopfer-Kari, den Syydewääber-Sepp – und eben auch den Schluuch-Otti. Unter diesem Namen war Velohändler und Veloflicker Otto Rüegg (1913) bekannt, mit seinem Geschäft und seiner Werkstatt am Dorfplatz. Seine Veloschläuche pflegte er im Wasser des Dorfbrunnens auf Nagellöcher zu prüfen. Es war nicht seine Art, schnell grosse Kasse zu machen, vielmehr ermahnte er die Dorfjugend, zu ihren Velos mehr Sorge zu tragen. Als Sohn eines Liestaler Polizisten fungierte er quasi als zusätzlicher Arleser Dorfpolizist. Ihm entging nichts, was auf «seinem» Platz und im Dorf abging; ein Auge war auf den Schraubenschlüssel am Velorad fixiert, das andere blickte sozusagen durch die Werkstatttüre auf den Platz hinaus. Immer lag sein Schäferhund wachsam mitten in der Werkstatt, den ungeduldigen Kunden rasch einmal Respekt einflössend. Schluuch-Otti war quasi die Dorfsecuritas. Wenn mal ein Detailhändler vergass, seinen Laden abzuschliessen, hatte Otti dafür den sechsten Sinn, spürte es auf seinem Abendspaziergang beim Vorbeigehen, kontrollierte und machte den Ladeninhaber darauf aufmerksam.

Als sich mal ein Häftling beim Zahnarztbesuch durchs WC-Fenster der Praxis zwängte und abhaute, lieh Otti dem verfolgenden Polizisten Lavater ein Velo; zusammen mit dem Schäferhund nahmen sie die Verfolgung auf, stellten den Mann in einem Vorgarten in der Nähe des Friedhofs, legten ihm wieder die Handschellen an und brachten ihn zum Zahnarzt zurück – ein typischer Fall für Otti.

Ottis Vorplatz war gegenüber dem öffentlichen Areal immer dekorativ mit grossen Blumenkübeln abgegrenzt. Wenn er mit seiner Giesskanne aus dem Dorfbrunnen Wasser für seine Töpfe schöpfte, war er sich nie zu schade, auch die in der Nähe stehenden Töpfe der Gemeinde zu giessen. Otti blieb stets ein traditioneller Veloflicker – die neu aufkommenden Töffli rührte er nicht an. Für diese war Ernst Liechti mit seiner Werkstatt beim damaligen Restaurant Chemi zuständig – eben der «Moped-Liechti».

Im Jahr 1979, nach 45 Jahren im Beruf, nahm Schluuch-Otti keine Kunden mehr an; seine Werkstatt aber blieb noch über viele Jahre bestehen, für ganz spezielle Fälle, und natürlich in immer perfekt beibehaltener Ordnung. Otto Rüegg starb 91-jährig, kurz vor Weihnachten 2004. rj

Rechts. Beladene Einspännerfuhrwerke in der Mergelgrube hinter dem dritten Weiher in der Ermitage, ums Jahr 1925. Der Mergel wurde dort von Hand aufgeladen und abtransportiert für den Strassenbau in Arlesheim. Zusatzverdienst für die Bauern, die diese harte Arbeit übernahmen.

AN DIE GEEHRTEN «TIT. TELEPHON-ABONNENTEN UNSERES NETZES»

«Durch die Wassernot und die Stürme der letzten Tage wurden die Telephonlinien zerstört und ist bis heute noch der kleinere Teil unseres Netzes in Ordnung.» Mit diesem Satz beginnt ein Inserat der Telephon-Schaltstation der Schappe im Arlesheimer Tagblatt von 1910. Und weiter: «Statt vier Hauptdrähten nach Basel existieren zur Zeit nur ein Draht und da ist es selbstverständlich, dass die Verbindungen nicht nach Wunsch gegeben werden können.» Das diensttuendes Personal bemühe sich jedoch, «das Publikum nach bester Möglichkeit zu bedienen. Unmögliches soll man nicht verlangen und sind die Gespräche möglichst abzukürzen.» Das Inserat wurde wohl geschaltet, da es «leider unverständige Abonnenten, zum Glück sind es deren wenige», gebe, «die dem diensttuenden Personal noch Grobheiten machen, wenn sie nicht prompt oder gar nicht bedient werden können». Im Abschluss bittet die Telephonstation das «tit. telephonierende Publikum um Geduld und Nachsicht bis Alles wieder in Ordnung ist». dc

Auch während des 1. Weltkriegs gab es ab und zu ein bisschen Spass. Soldaten in der Dorfgasse während der Grenzbesetzung 1916.

DIE SPANISCHE GRIPPE

«Eine merkwürdige Krankheit mit epidemischem Charakter ist in Madrid aufgetreten. Diese Epidemie verläuft harmlos, keine Todesfälle bisher gemeldet.» Diese von der «Agencia Fabra» an Reuters in London gekabelte Meldung löste im Mai 1918 die Schreckensmeldungen des Ersten Weltkrieges ab. Aber sehr bald war die diagnostizierte Harmlosigkeit nichtig: Die «Spanische Grippe» überflutete als Pandemie die ganze Welt und forderte Millionen Todesopfer. Im Herbst und Winter 1918 starben weltweit zwischen 25 und 50 Millionen Menschen. Die genaue Zahl lässt sich nicht mehr ermitteln, da aufgrund der Nachkriegswirren die Zahl der an der Grippe Verstorbenen nicht zuverlässig erfasst wurde. Die US-amerikanische Armee verlor etwa genauso viele Infanteriesoldaten durch die Grippe wie durch die Kampfhandlungen.

Sie trat in drei Wellen auf, im Frühjahr 1918, im Herbst 1918 und in vielen Teilen der Welt noch einmal 1919. Die erste Ausbreitungswelle 1918 wies keine merklich erhöhte Todesrate auf. Erst die Herbstwelle im gleichen Jahr und die spätere, dritte Welle im Frühjahr 1919 waren mit einer aussergewöhnlich hohen Sterblichkeit verbunden. Und es traf sehr viele Menschen im Alter zwischen 20 und 40 Jahren. Manche schätzen die Zahl der Verstorbenen Ende 1920 sogar auf etwa 70 Millionen Opfer.

Zum Höhepunkt der Grippe Ende 1918 schätzten Schweizer Gesundheitsbehörden, dass zwei von drei Bürgern erkrankt waren. Die Krankheit verlief oft sehr schnell, mit plötzlich einsetzendem hohem Fieber, starken Kopf- und Gliederschmerzen, Husten und starken Reizungen im Hals- und Rachenbereich. In manchen Fällen wurde auch Nasenbluten beobachtet. Während manche Patienten nur schwache Symptome entwickelten und sich ohne Komplikationen erholten, verstarben andere binnen Stunden an einer sich schnell entwickelnden, von starken Blutungen begleiteten Lungenentzündung. Häufig wurde eine einhergehende, bläulich-schwarze Verfärbung der Haut beobachtet, die vom Mangel an Sauerstoff rührte. Auch in der Schweiz beklagte man viele Tote. Arlesheim war im gleichen Masse betroffen wie der Schweizer Durchschnitt.

Noch im Jahre 1920 waren die Grippefälle im Baselbiet sehr hoch. Einer Mitteilung der Polizeidirektion vom 9. Februar 1920 ist zu entnehmen, dass die Ärzte in der Woche vom 1. bis 7. Februar 735 Grippeerkrankungen und drei Todesfälle zur Anzeige gebracht haben; auch Arlesheim ist mit 18 Nennungen vertreten. Und noch am 5. Februar 1920 verordnete der Präsident der Schulpflege Arlesheim, R. Heller: «Eltern, in deren Familie sich Grippekranke befinden, werden hiermit in Anwendung des § 3 der kant. Schulordnung aufgefordert, schulpflichtige Kinder unter sofortiger Anzeige an den Klassenlehrer vom Schulunterricht und Umgang mit Schulkindern fernzuhalten». fh

1920 – 1930

IM JAHR 1920 HAT ARLESHEIM 2350 EINWOHNER. DIE BEVÖLKERUNG

IST IN BEWEGUNG: ES WERDEN 545 AUFENTHALTSBEWILLIGUNGEN ERTEILT,

21 AN KANTONSBÜRGERINNEN UND KANTONSBÜRGER, 176 AN BÜRGER

ANDERER KANTONE, 348 AN AUSLÄNDER. DER GEMEINDERAT HAT ALLE HÄNDE

VOLL ZU TUN; ER BEHANDELT IN 72 SITZUNGEN 943 GESCHÄFTE UND

ERLÄSST 24 STRAFBEFEHLE, DAVON DREI WEGEN FELDFREVEL UND ZWEI

WEGEN WALDFREVEL.

Links. Die belebte Dorfstrasse im Jahr 1910.
Der Bau der Birseckstrasse hat sie vor einer
Blechlawine verschont.

DAS JAHRZEHNT,
IN DEM ARLESHEIM SEINEN DORFKERN RETTETE

1961 bog die Tour de Suisse bei der Bäckerei Herzig von der Baselstrasse in die Birseckstrasse ein. Es war ein schnelles, buntes Spektakel. Arlesheim war nicht Etappenziel, aber die Tour de Suisse wurde von einem Schweizer gewonnen, von Attilio Moresi. Ich war damals 6 und die Birseckstrasse war 34 Jahre alt.

Einige Jahre später: Es knallt und hinter der Theke schlägt Frau Herzig die Hände über dem Kopf zusammen: «Schon wieder ein Unfall!» Ein kleiner Blechschaden nur, ein Auto bog rechts in die Birseckstrasse ab und das zweite Auto hatte nicht genug Abstand gehalten. Frau Herzig musste viele Unfälle mit ansehen und nicht alle verliefen so glimpflich. Sie atmete auf, als das Lichtsignal auf die Kreuzung kam.

Später, in den späten sechziger und frühen siebziger Jahren, war sehr viel Verkehr in der Birseckstrasse. Aber der Arlesheimer Dorfkern blieb davon verschont, im Gegensatz zu den Ortskernen aller umliegenden Gemeinden. In den sechziger und siebziger Jahren wurden überall in der Schweiz grosse Strassen mitten durch die Ortschaften gezogen. Die Gewerbetreibenden waren der irrigen Meinung, Transitverkehr bringe Leben ins Dorf. In früheren Jahrhunderten, als die Reisenden zu Fuss, zu Pferd oder in der Kutsche unterwegs waren, mochte das der Fall gewesen sein, aber nicht im Zeitalter des Automobils. Als Beweis dafür sei das Arlesheimer Gewerbe angeführt: Das Dorf floriert, trotz oder gerade wegen der Birseckstrasse, der Umfahrungsstrasse, über die es seit den zwanziger Jahren verfügte.

Am Rand sei vermerkt, dass das Arlesheimer Gewerbe zwar gut auf den Transitverkehr verzichten konnte, aber trotzdem Autos im Dorf wollte. Jahrzehntelang wurde deshalb hier, wie in allen anderen Gemeinden auch, bevorzugt über Geschwindigkeitsbeschränkungen, Verkehrsberuhigungsmassnahmen und Parkplätze gestritten. Im Sommer 2007 fanden das Gewerbe und der Gemeinderat (mit grün-roter Mehrheit) gemeinsam eine bestechend einfache und vernünftige Lösung: Die Begegnungszone. Der ganze Ortskern wurde fürs Auto geöffnet, das Tempo wurde auf 20 Stundenkilometer reduziert und die Fussgänger erhielten überall den Vortritt. Der ganze Ortskern wurde so zu einem grossen Fussgängerstreifen.

DER STOLLENRAIN

In den achtziger Jahren wurde in Arlesheim über das Projekt Sundgauerstrasse diskutiert. Das war eine geplante Verbindung von der Baselstrasse zur Autobahnzufahrt. Die Bewohner des betroffenen Quartiers wehrten sich gegen den Bau dieser Strasse. Und sie hatten Erfolg. Im letzten Viertel des zwanzigsten Jahrhunderts war es schwierig geworden, neue Strassen zu bauen. Weniger glücklich über diese Entwicklung waren die Münchensteiner, die sich vom Bau der Sundgauerstrasse eine Entlastung vom Arlesheimer Durchfahrtsverkehr Richtung Basel erhofft hatten. Auch für die Birseckstrasse hätte die Sundgauerstrasse wohl eine gewisse Entlastung gebracht. Diese Entlastung kam aber auch ohne Sundgauerstrasse, durch den Stollenrain. In meiner Jugend war der Stollenrain ein ruhiges Strässchen gewesen, in der Nacht herrschte sogar Fahrverbot, weil sich die Ita Wegman Klinik dort befindet. Ab Mitte der achtziger Jahre wurde der Stollenrain trotz

Links. Die Situation beim Stollenrain in den 80er-Jahren. Schiene und Strasse gerieten sich noch in die Quere.

Die Birseckstrasse. Links im Jahr 1950 und rechts im Herbst 2009.

raffinierter Verkehrsberuhigungsmassnahmen zu einer wichtigen Verkehrsader. Durch den Stollenrain fuhren die Automobilisten aus dem oberen südlichen Teil des Dorfes zur Autobahn an der Birs.

ROLLENDE PLANUNG

Zu Beginn des Jahrhunderts, vor dem Bau der Birseckstrasse, war der Stollenrain die Kantonsstrasse und die Hauptverbindung zwischen Dornach und Arlesheim gewesen. Für die Birseckbahn war der Stollenrain jedoch zu steil, deshalb folgte das Bahntrassee dem sanfter steigenden Hirslandweg, bog dann querfeldein Richtung Dornach ab und über eine Eisenbahnbrücke am unteren Ende des Stollenrains. Zu Beginn des Jahrhunderts erkannte man, dass der Stollenrain auch für den übrigen Verkehr zu steil war: «Die hohe Steigung von über 10% der Stollenrainstrasse ist für den Verkehr mit Fuhrwerken schwer belästigend und beeinträchtigt denselben in ausserordentlicher Weise. Schon vor zirka 20 Jahren (1902) wurden bei den kantonalen Behörden Begehren für die Verbesserung dieser Verkehrsverhältnisse gestellt, diese sind aber bis jetzt ohne Resultat geblieben. Der Gemeinderat hat deshalb eine neue Eingabe an den Reg. Rat gerichtet und es sind auch unsere Vertreter im Landrat für die Behebung dieser schwierigen Zufahrtsverhältnisse eingetreten.» (Protokoll der Gemeindeversammlung vom 1.7.1922).

In einer ersten Etappe plante man eine Verlängerung des Stollenrains Richtung Hirslandweg, entlang dem Trassee der Birseckbahn und hinauf bis zur Brachmattstrasse. Die Brachmattstrasse wurde verbreitert und zur Hauptzufahrt ins Dorf gemacht. Der Kanton legte Wert darauf, dass in einer zweiten Etappe die neue Strasse über die Brachmattstrasse hinaus bis zum Lee weitergeführt wurde, auf dieser Strecke verlief bereits ein unbenannter Feldweg. Die Gemeinde war damit einverstanden, weil man damals diese stinkenden, staubenden und lärmenden Vehikel gar nicht unbedingt im Dorf haben wollte.

56 Parzellen wurden von der geplanten Strasse tangiert. Mit den Besitzern musste teilweise zäh gefeilscht werden. So erwartete etwa ein Landbesitzer, dass sein Gartenzaun nach der Verlegung auf Projektkosten neu gestrichen wurde; und die Birseckbahn wollte eine Kompensation für die notwendige Versetzung von zwei Tramhäuschen.

DIE NEUE STRASSE

Der Baselbieter Regierungsrat musste sich mit einer Beschwerde befassen: Der Baumeisterverband Baselland beklagte sich darüber, dass die Gemeinde Arlesheim einer baselstädtischen Baufirma den Zuschlag gegeben habe, obwohl das Gebot der nächstbietenden Baselbieter Baufirma nur 900 Franken höher ausgefallen sei. Bei näherer Prüfung stellte sich heraus, dass die Differenz 1600 Franken betragen hatte und dass die Firma, die den Zuschlag erhalten hatte, wohl in Basel domiziliert sei, dass der Bauleiter der Firma und mehrere «ständige Arbeiter» jedoch in Arlesheim wohnten und der Bauführer in Münchenstein. Damit war die Vergabe abgesegnet, aber der Regierungsrat wies ausdrücklich darauf hin, dass bei geringen Preisunterschieden und «bei der nämlichen Gewähr für zuverlässige und fachgemässe Ausführung» im Kanton Baselland domizilierte Unternehmen «in erster Linie» zu berücksichtigen seien.

Viele Arbeiten, insbesondere die notwendige Aufschüttung des Bachbetts (Bachtele) wurden von Arbeitslosen zu Sonderkonditionen geleistet. Der Bund und der Kanton beteiligten sich massgeblich an den Baukosten für diese neue Kantonsstrasse mit Namen

Oben. Der Bahnübergang beim Stollenrain, wie er lange ausgesehen hat.

Links. Eine Bekanntmachung im Tagblatt.

Birseckstrasse, die 1926 eingeweiht wurde. Am 25.1.1927 übernahm der Kanton die neue Birseckstrasse «von Stollenrain bis Lee, ohne Brachmattstrasse».

Ich wohne seit 1984 Jahren an der Birseckstrasse, ich kenne die Nachbarn rechts und links, aber die Nachbarn gegenüber kenne ich kaum. Die Birseckstrasse hat einen ganz anderen Charakter als die älteren Strassen und Plätze im Ortskern. Sie verbindet die Häuser nicht, sondern sie macht einen Strich durch die Landschaft. Ihre Breite und ihr gerader Verlauf verleiten zu schnellem Fahren. Heute würde man eine solche Strasse wohl nicht mehr so gerade bauen. Trotzdem ist die Birseckstrasse sehr lebendig, vor allem am frühen Morgen und am Mittag, wenn die Schülerinnen und Schüler zur Schule strömen, zu Fuss, auf Trottinets und auf Velos. «Aber es passiert nicht viel auf der Birseckstrasse!» sagt Stefan Fiechter, der Ortspolizist, der gut Bescheid weiss, obwohl er eigentlich für diese Kantonsstrasse gar nicht zuständig ist. Stimmt wahrscheinlich: Wir wohnten vorher im Wiener Wald, an einem einsamen Strässchen, ohne Trottoir, durch das nur ein- bis zweimal am Tag ein Auto oder ein Motorrad brauste. Auf der Birseckstrasse fliesst der Verkehr kontinuierlich, da wissen die Kinder und die Katzen immer um die drohenden Gefahren. js

Das Arleser Dorforiginal «Chrum-Sepp»
auf der Treppe seines Hauses an der Ecke
Dorfgasse/Obere Gasse.

DER SCHLANGENHANSI

Dass der Mann ein anerkannter Herpetologe war, das wollte in Arlesheim niemand wissen und hätten auch nur die wenigsten verstanden. Sie wussten auch kaum, dass er Hans Schweizer hiess und einem «normalen» Beruf in der Versicherungsbranche nachging. Aber als «Schlangenhansi» war er ein Begriff, immer mal wieder zu sehen im Dorf oder im Wald, insbesondere an sonnigen, felsigen Hängen ging er seinem Hobby nach. Und immer trug er seinen Hut und seinen Rucksack. Und was vermuteten die wunderfitzigen Buben wohl in diesem Rucksack, wenn der Schlangenhansi aus dem Wald kam und zurück zur Tramhaltestelle ging?

Hans Wilhelm Schweizer wurde 1891 in Neu-Allschwil geboren, wo er auch lange Zeit lebte. In seiner Freizeit und nach der Pensionierung widmete er sich intensiv seinem Hobby, der Erforschung von Schlangen und Eidechsen in der Schweiz und den Mittelmeerländern. Zwei Eidechsen- und zwei Schlangen-Unterarten tragen seinen Namen. Die Deutsche Gesellschaft für Herpetologie und Terrarienkunde ernannte ihn zum Ehrenmitglied. Hans Schweizer starb 1975 in Basel. fw

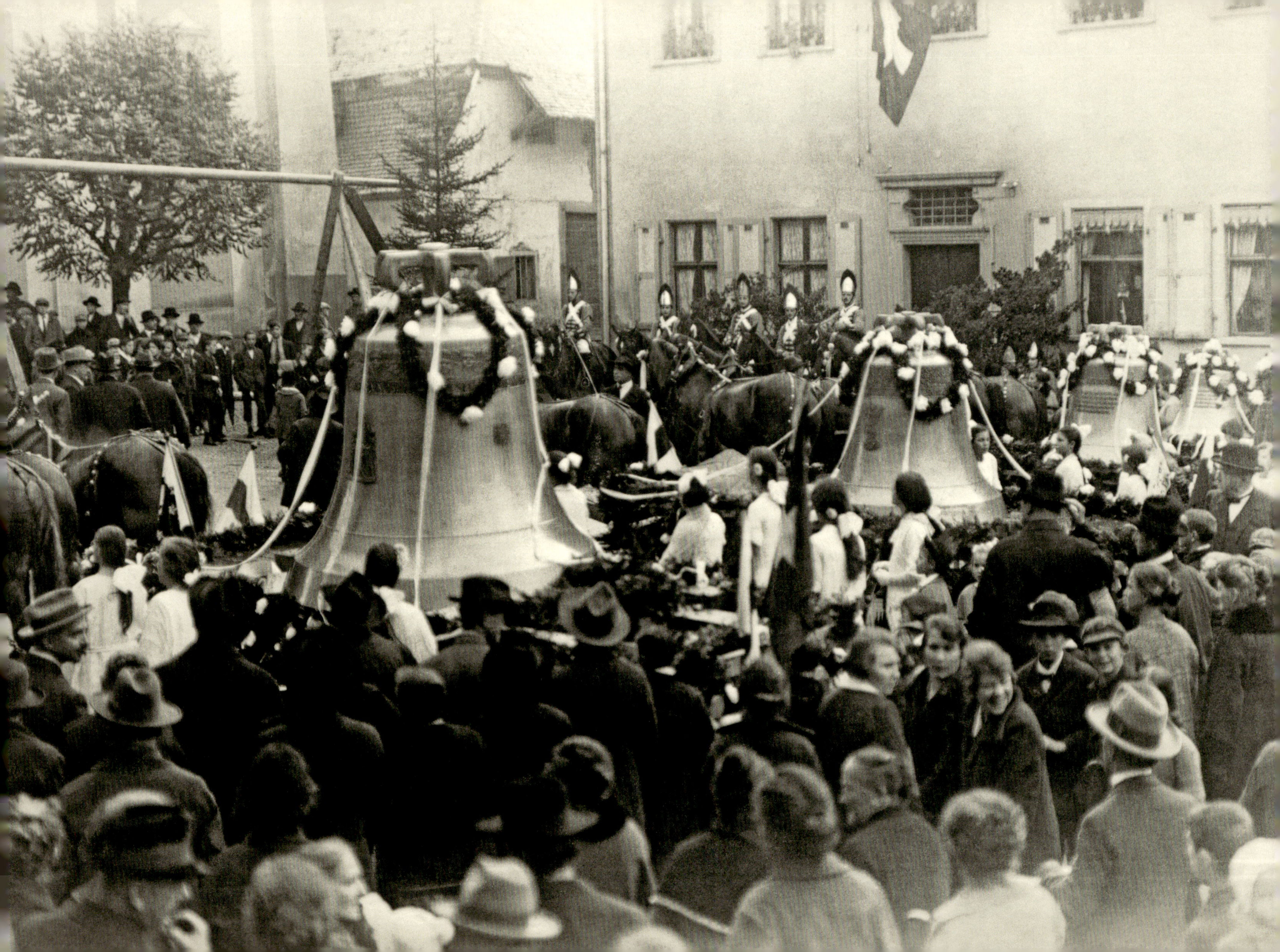

WAS DIE GEMÜTER BEWEGTE – MIGRATION, MAIKÄFER UND KOHLE

Im Arlesheimer Tagblatt der 20er-Jahre finden sich amüsante und interessante Details der damaligen Sorgen und Nöte der Einwohner und Behörden. So warnt das Eidg. Arbeitsamt in einer dringenden Mahnung, «nicht nach dem Elsass auszuwandern». Da die Grenzgänger sonst Gefahr liefen «bei der strengen Ausländerkontrolle in Frankreich (...) sofort zur Rückkehr in die Heimat gezwungen zu werden». Ausserdem seien «die Aussichten für die Arbeiter infolge der herrschenden Geschäftskrisis insgesamt sehr schlecht und bei Arbeitereinstellungen werden die Ausländer zuletzt, bei Entlassungen dagegen natürlich in erster Linie berücksichtigt» (Tagblatt 1920).

Bevor der Maienkäfer zu einer Seltenheit in unserer Landschaft wurde, plagte er die Bauern 1920 derart, dass der Regierungsrat folgenden Beschluss fassen musste: «Jeder Grundbesitzer, Pächter oder Nutzniesser von Land ist zur Sammlung und Ablieferung von 4 Liter getöteter Maienkäfer pro Hektar landwirtschaftlich benutztem Boden verpflichtet.» Diejenigen, die dieses «Käferquantum» nicht erbrachten, wurden von der Gemeinde gebüsst. Das Sammeln lohnte sich jedoch: 25 Rappen wurden für jeden über dem Sollmass gesammelten Liter Maienkäfer bezahlt (Tagblatt 1920).

Bevor die Klimaerwärmung und die Ölknappheit ein Thema war, hatte 1922 die Gemeinde den schwierigen Beschluss zu fassen, ob das Gemeindehaus mit Kohle oder mit einer Zentralheizung geheizt werden sollte. Im Versammlungsaufruf dazu heisst es: «Nachdem nun die Kohlenbeschaffung wieder leichter und die Preise im Sinken sind, haben sich die Baukommission und der Gemeinderat neuerdings mit der Frage der Heizung im umzuändernden Gemeindehaus beschäftigt und sind zum Schlusse gekommen, (...) es sei eine Zentralheizung einzurichten». Es habe sich gezeigt, dass die Kostenunterschiede der beiden Heizungsarten derart gering seien, «dass man es später schwer bereuen müsste, jetzt beim Umbau die so wichtige Frage nicht richtig gelöst zu haben» (Tagblatt 1922).

1922 bewilligte die Gemeindeversammlung einen Betrag von 1000 Franken für die Einführung einer Kehrichtabfuhr, vorerst als Versuch geplant, denn: «(...) wenn sich diese Einrichtung als nicht notwendig, oder als zu kostspielig erweisen sollte, dieselbe nach 4 Wochen wieder eingestellt wird». Die Kehrichtabfuhr verrichtete ab da zuverlässig Ihren Dienst und war lange Jahre bekannt als «Glöggliwagen», da sie sich durch eine Glocke bemerkbar machte (Tagblatt 1922).

Ein bisschen früher machte sich die «Kleine Zeitung» Gedanken um die Gefährlichkeit der Strassenteerung. 1910 schrieb sie, mit Verweis auf Paris, wo man: «(...) die Automobilstrassen als Mittel gegen die Staubbildung» teerte. Es habe sich jedoch herausgestellt «dass die von den Rädern der Kraftwagen losgerissenen und in der Luft umherwirbelnden Teerteilchen nicht bloss (...) alle Pflanzen die Strasse entlang töten, sondern auch bei den Automobilfahrern schmerzhafte und lang anhaltende Augenentzündungen hervorrufen» (Kleine Zeitung, 8.10.1910).

js/rj/dc

Links. Ein grosses Ereignis: die Glockenweihe 1926 auf dem Domplatz.

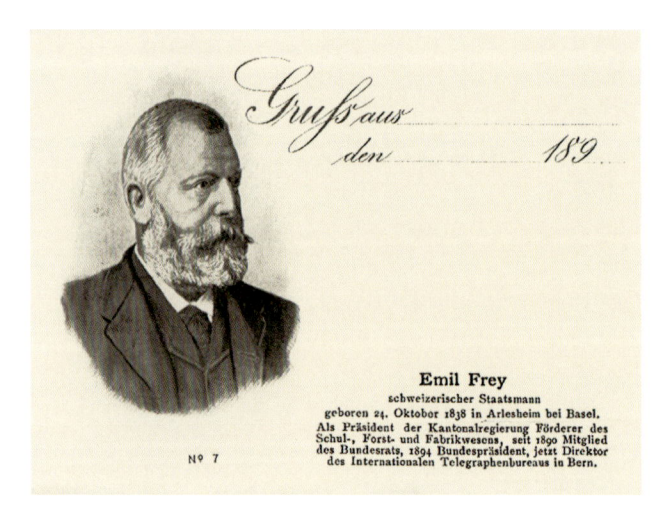

EMIL FREY – LAUSBUB UND BUNDESRAT

Oben. Foto der Mittwoch-Gesellschaft Basel mit Mitglied Emil Frey (Mitte, sitzend). Laut Staatsarchiv Basel-Stadt war die Mittwoch-Gesellschaft «eine Gesellschaft zur ‹belehrenden Geselligkeit›, die 1906 aufgelöst wurde».

Rechts. Grusskarte mit dem Portrait von Emil Frey.

Achtlos sind sie daran vorbeigegangen und gehen noch immer achtlos daran vorbei, viele Generationen von Schülerinnen und Schülern und Tausende und Abertausende von Kirchgängern. Und wenn das Efeu über der Gartenmauer etwas zu unbändig gewachsen ist, dann ist sie auch schwer auszumachen, diese schlichte Tafel, auf der steht:
In diesem Haus
wurde 1838 geboren
und ist 1922 gestorben
Oberst Emil Frey
Bundesrat 1890 – 1897.
Dass dieser Emil Johann Rudolf Frey und «sein» Haus an der Domstrasse 3 nicht Pflichtstoff waren und sind für jede Arleser Schulklasse, ist schwer zu verstehen. Liegts etwa daran, dass Emil ein nicht eben artiger Schüler gewesen sein soll? Im Buch «Der Baselbieter Bundesrat Emil Frey» wird er von Fritz Grieder als Lausbub, als Problemkind beschrieben, zusammen mit seinen Brüdern gar als unerzogene Jugendbande.

Eine nicht eben charmante Strasse trägt seit 1941 den Namen des einzigen Baselbieter Bundesrats; allerdings ist es nicht eine Strasse in Arlesheim, sondern eine in Münchenstein. Dort wurde Emil getauft, dort hatte er sein Bürgerrecht. Denn Vater Emil Remigius Frey konnte damals nicht Bürger von Arlesheim werden – weil er reformiert war. fw

Rechts. Die historische Postkarte zeigt ein schon damals grünes Arlesheim.

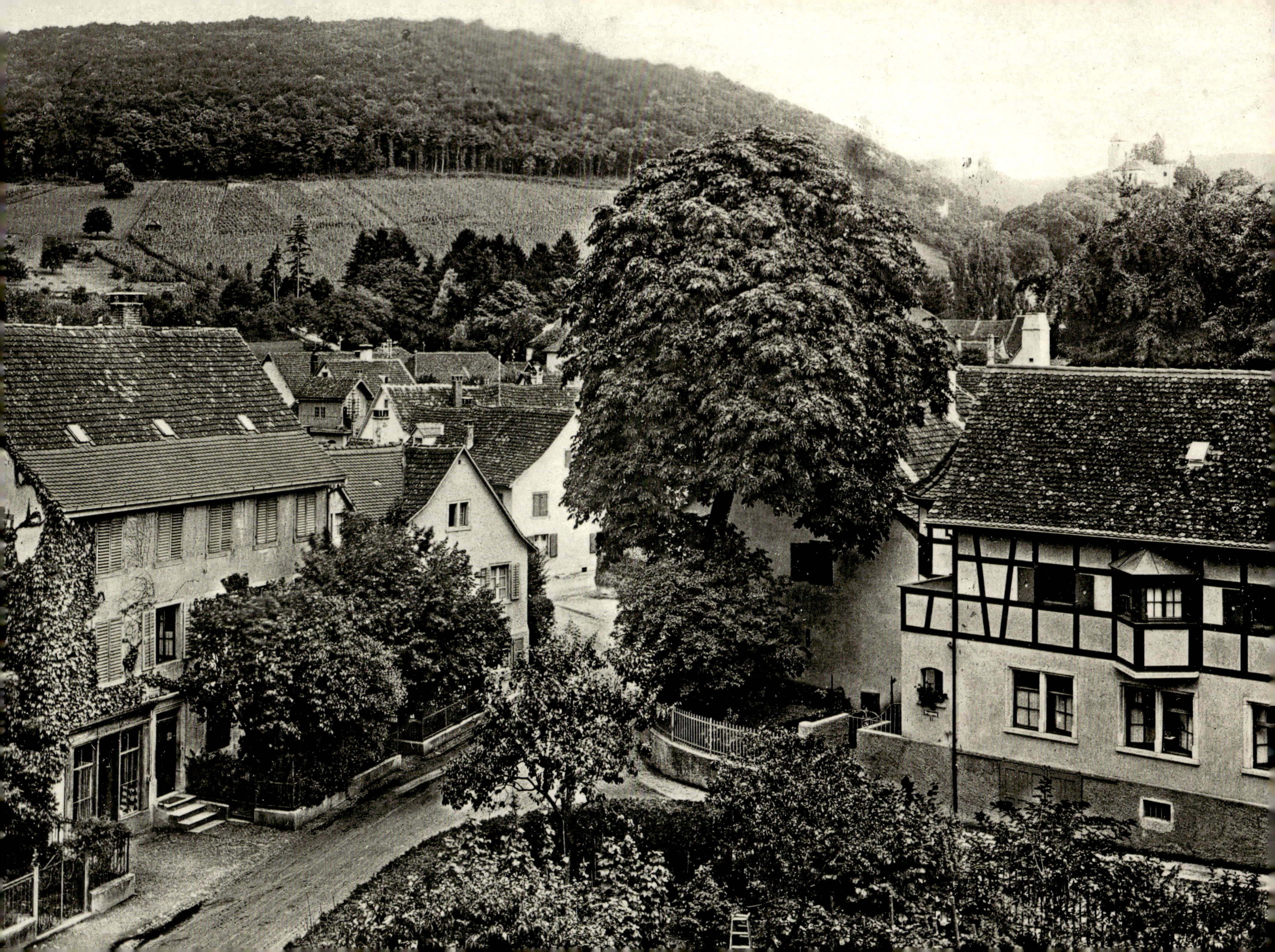

Wirtschaft
Elsässer
Gartenwirtschaft
ELSÄSSER
RHEINFELDEN

1930 – 1940

IM JAHR 1930 SIND DIE ARLESER – ZUMINDEST AUF DEM PAPIER

DER VOLKSZÄHLUNG – NOCH WACKERE KIRCHGÄNGER; VON

3328 EINWOHNERN SIND 1751 PROTESTANTISCH UND 1362 KATHOLISCH,

115 GEHÖREN EINER ANDEREN KONFESSION AN ODER SIND

KONFESSIONSLOS.

Links. Die Wirtschaft Elsässer an der Hauptstrasse. Unter dem Eingangsschild der Besitzer Karli Elsässer (links). Neben dem Torpfosten Serviertochter Marie Knab; nach dem Tod des Besitzers führte sie das Restaurant als «Elsässer Marie» bis 1968 weiter.

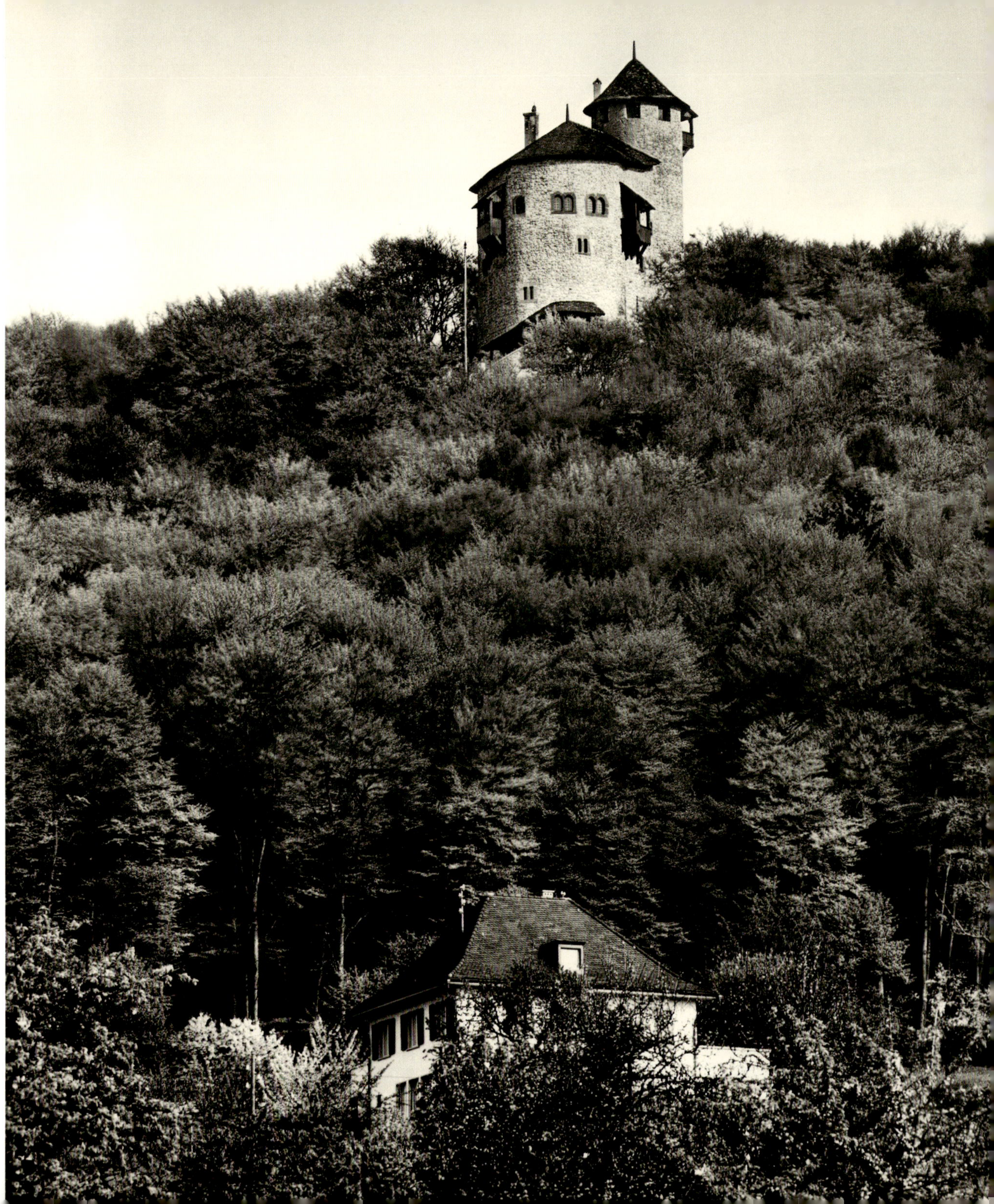

DAS JAHRZEHNT, IN DEM SICH ARLESHEIM ARBEIT BESCHAFFTE

«Arlesheim – sein Dom, seine Burgen» – heisst es auf dem Poststempel, mit dem die Briefmarken meiner Sammlung aus Kindheitstagen entwertet worden sind. Doch dass die Burgen so zum Dorf gehören wie der Dom, war lange Zeit nicht so selbstverständlich, wie es der Nachkriegsjugend im 20. Jahrhundert erschien. Zumindest nicht für die Burg Reichenstein. Nicht nur, weil sie – anders als das Schloss Birseck – fernab vom Dorf liegt. Sondern weil sie lange Jahre im Wald versteckt das Dasein einer Ruine fristete.

Urkundlich wurde das «Castrum Birseke superior» erstmals im Jahr 1239 erwähnt, als sie von den Froburgern in den Besitz des Bischofs von Basel wechselte und dann als bischöfliches Lehen in die Hand des ritteradligen Geschlechts der Reich überging, von denen die obere Birseckburg ihren heutigen Namen davontrug. Nach der Zerstörung im Erdbeben von 1356 wurde die Burg nur noch teilweise wieder aufgebaut und zerfiel immer mehr, bis weit ins 20. Jahrhundert. Dass sie es trotzdem zu einem der Wahrzeichen von Arlesheim gebracht hat, verdankt sich einer aufwändigen Restaurierungsaktion zur Zeit der Wirtschaftskrise der 1930er-Jahre.

Die Wirtschaftskrise der 1930er-Jahre traf auch das Baselbiet hart. Die Zahl der Arbeitslosen nahm im schlimmsten Krisenjahr 1936 auf mehr als 2000 im Monatsdurchschnitt zu. Die Arbeitslosenversicherung war nur schwach ausgebaut, und manche wichen auf Arbeit in der Landwirtschaft aus oder bauten den Nebenerwerb im eigenen oder gepachteten Garten aus. Die Gemeinden mussten Notunterstützungen leisten und führten auch die Krisenhilfe ein.

Auch Arlesheim war als bedeutender Wirtschaftsstandort von der Krise stark betroffen. Obwohl die grossen Fabriken nicht im Dorf lagen, sondern mit der Schappe und der BBC im Birstal, und daher die Industrie im Dorfbild kaum ins Auge stach, war Arlesheim ein Industriedorf geworden: Bereits 1930 wies die Gemeinde 1528 Arbeitsplätze auf, mehr als die Zahl der 1486 in Arlesheim wohnhaften Berufstätigen. Der Anteil der Pendler war noch vergleichsweise gering und nahm dann vor allem seit den 1960er-Jahren stark zu.

In Arlesheim wurden im Rahmen der Krisenbekämpfung verschiedene Projekte realisiert, wie die Eindolung des Bachtelengrabens oder der Ausbau einer Verbindungsstrasse Richtung Schönmatt und Liestal. Ein spezielles Projekt war in den Jahren 1932/33 der Wiederaufbau der Ruine Reichenstein zur schmucken Burg, wie sie sich noch heute präsentiert. Dass und wie es dazu kam, dokumentiert viel Typisches aus jener Zeit.

DER WIEDERAUFBAU

«Das Alte stürzt, es ändert sich die Zeit, und neues Leben blüht aus den Ruinen.» Mit diesem Zitat aus Schillers «Wilhelm Tell» als Motto leitete Gottlieb Wyss 1974 in seinem Buch über die Burg Reichenstein das Kapitel über den Wiederaufbau der Burg Reichenstein in jenen Krisenjahren ein. Und das Bild aus dem Jahr 1933, das zur Illustration dient, zeigt im Vordergrund den imposanten Landsitz «zum Felsacker» des Ciba-Verwaltungsratspräsidenten Dr. Jacques Brodbeck-Sandreuter und darüber, im Hintergrund aus dem Wald herausragend, das restaurierte Schloss Reichen-

Links. Ein imposanter Bau hoch über dem Dorf. Schloss Reichenstein Ende der 30er-Jahre.

Die Burg Reichenstein
vor und nach dem Wiederaufbau.

stein. In der Tat ist die Villa in der grosszügigen Parkanlage ein Zeichen der geänderten Zeit: In der Region Basel übernimmt die Chemie die Rolle des wirtschaftlichen Leitsektors, was sich auch in Arlesheim niedergeschlagen hat.

MODERNE UND TRADITION

1932 hatte Brodbeck-Sandreuter die Burgruine im Wald oberhalb seines Wohnsitzes gekauft, um einen veritablen Neuaufbau in die Wege zu leiten. Da keine historischen Pläne und Unterlagen über das ursprüngliche Aussehen bestanden – das älteste Bilddokument stammt aus einer Illustration der Schlacht bei Dornach von 1499 und zeigt die Burg bereits in halb zerfallenem Zustand – wurde bei der Ausarbeitung des Bauplans durch den Zürcher Architekten

Der Rittersaal der Burg Reichenstein
nach der Renovation.

Eugen Probst recht frei verfahren. Teilweise mit den Finanzmitteln des Mäzens, teilweise mit Mitteln der Arbeitsbeschaffung wurde in wenigen Monaten das Mittelalter rekonstruiert und neu erfunden. Dies nicht zuletzt in den Wand- und Deckengemälden von Niklaus Stöcklin und Otto Plattner mit Motiven von Ritterturnieren und Kampfaufzügen. Zustande kam so eine sehr spezielle, nicht ganz widerspruchsfreie, aber umso spannendere Verbindung von Moderne und rekonstruierter Tradition. Ganz ähnlich ging dann die in den Dreissigerjahren aufkommende geistige Landesverteidigung mit diesem Spannungsfeld um. Man baute sich eine (geistige) Hülle der Wehrhaftigkeit, eine Trutzburg der Tradition. Dies zum einen, um sich darin behaglich einrichten. Zum anderen, um daraus die Kraft zum Widerstand gegen die Bedrohungen von aussen zu schöpfen.

So blühte in der Krise für kurze Zeit tatsächlich neues Leben aus den Ruinen – auch jener von Reichenstein. Es blühte aber nicht zuletzt dank den Mitteln aus starken neuen Wirtschaftssektoren. Die Moderne drückte auch Arlesheim ihren Stempel auf – selbst wenn sie es nicht als Wahrzeichen auf den Stempel der Arlesheimer Post gebracht hat.

Die Burg Reichenstein wurde 1938 in die «Familienstiftung Burg Reichenstein» eingebracht, die 1967 in eine öffentlich-rechtliche Stiftung umgewandelt wurde. Heute steht die Burg Reichenstein unter Denkmalschutz und wird von der Gemeinde für private Anlässe vermietet. rb

Das Begräbnis des Arleser Einwohners Oskar Peter Krähenbühl (geboren 1915, verstorben 1936 in Thun). Die Anwesenheit des Militärs lässt vermuten, dass der Mann während der Militärdienstzeit verstorben ist.

DAS WERK ITA WEGMANS

So richtig im Dorfbild wahrgenommen wurden die Menschen des Sonnenhofs an der Oberen Gasse erst in den Vierzigerjahren, als sie vermehrt – oft auffällig durch ungewohnte Bekleidung und als Begleitung von Behinderten – im Dorf und in der Ermitage spazieren gingen. Dabei fing alles in den frühen Zwanzigerjahren an.
1921 eröffnete Ita Wegman in der Liegenschaft Hirsland 198 ihre Privatklinik «Klinisch-Therapeutisches Institut» (die heutige «Ita Wegman Klinik»). Hier wurde die Anthroposophische Medizin in enger Zusammenarbeit mit Rudolf Steiner entwickelt und praktisch angewendet. Eine neue Medizin wurde begonnen, in deren Mittelpunkt die Individualität des erkrankten Menschen steht, in ihrer lebensgeschichtlichen Situation, ihrer Herkunft und Zukunft. Neue Wege einer wirklichen Heilkunst wurden beschritten, Heilmittel entwickelt, Therapien erarbeitet.
Ita Wegman wurde 1876 in Indonesien geboren. Im Alter von 26 Jahren begegnete sie 1902 in Berlin erstmals Rudolf Steiner und trat der damals von diesem geleiteten Deutschen Sektion der Theosophischen Gesellschaft bei.
1912/13 wurde die Anthroposophische Gesellschaft gegründet. Ita Wegman folgte der Richtung Steiners und wurde Anthroposophin. Ihr Studium der Medizin in Zürich (dort hatten auch Frauen Zugang zur medizinischen Fakultät) beendete sie 1911 mit dem Arztdiplom und als Fachärztin für Frauenheilkunde. 1917 stellte sie – unter Mithilfe von Rudolf Steiner – aus der Mistel ein Arzneimittel gegen Krebs her. Aus dem so genannten Iscar entwickelte sich später das älteste Mistelpräparat Iscador.

DIE UNTERNEHMERIN

Im Jahre 1922 gründete Ita Wegman das heilpädagogische Heim «Haus Sonnenhof» für «seelenpflege»-bedürftige Kinder. Im selben Jahr erfolgte unter ihrer massgeblichen Beteiligung die Gründung der «Internationale Laboratorien & Klinisch-Therapeutisches Institut Arlesheim AG» (die heutige Weleda AG). Ita Wegman wurde zur wichtigsten Mitarbeiterin Steiners und Mitglied des Gründungsvorstandes der Allgemeinen Anthroposophischen Gesellschaft AAG. Mit Steiner leitete sie auch die erste Klasse der ebenfalls neugegründeten «Freien Hochschule für Geisteswissenschaft» am Goetheanum in Dornach.

Das Goetheanum, ein gewaltiger Holzbau, geschnitzt und im Inneren bemalt, wurde 1913 begonnen, 1920 eröffnet und 1922/23 durch einen Brand zerstört. Dieser Brand war – auch wegen der nie geklärten Brandursache – noch lange ein Gesprächsthema, auch in Arlesheim. «Die Feuersbrunst, der in der Neujahrsnacht 1923 das Kuppelgebäude der Anthroposophischen Gesellschaft bei Dornach zum Opfer fiel, muss als das denkbar ungeheuerlichste Schauspiel eines Brandes bezeichnet werden, das sich lebenden Menschenaugen darbieten konnte. (...) Der unglaubliche Geisterreigen ist ausgetanzt. Das Faktische hat gesiegt. Die Trümmerstätte des meistbesprochenen Bauwerks des letzten Jahrzehnts auf europäischem Boden gähnt uns entgegen. Wie kam es nur? Wie ist es zugegangen?»
So schwülstig beschrieb der Theologieprofessor und Schriftsteller Carl Albrecht Bernoulli (1868–1937) die-

ses Ereignis in einem Zeitungsartikel. Bernoulli lebte von 1906 bis zu seinem Tod in Arlesheim; er schrieb Romane, historische Dramen sowie theologische und kulturphilosophische Schriften.

Das zweite, heutige Goetheanum wurde 1925 bis 1928 in Eisenbeton ausgeführt und war der erste monumentale Bau, der in diesem Material in plastisch gestalteten Formen errichtet wurde. Das zweite Goetheanum und die Nebenbauten entstanden zudem unter Berücksichtigung der gegebenen Topographie, Geländebewegung und Felsformation, wie sie sich hier in der Juralandschaft des Birstals zeigt.

Ita Wegman initiierte und begleitete auch die Gründung zahlreicher medizinischer und heilpädagogischer Einrichtungen weltweit. Diese Neugründungen suchte sie während ihrer Reisen auf, sie ermutigte und inspirierte die dort tätigen Menschen. Ita Wegman förderte auch die Herstellung und den Vertrieb der neu entwickelten Heilmittel. Sie engagierte sich in der berufsspezifischen Aus- und Weiterbildung in Anthroposophischer Medizin, Krankenpflege, Heilpädagogik und Kunsttherapie.

1943 starb Ita Wegman im Alter von 67 Jahren in Arlesheim. Ihre Urne wurde in Ascona beigesetzt. fh

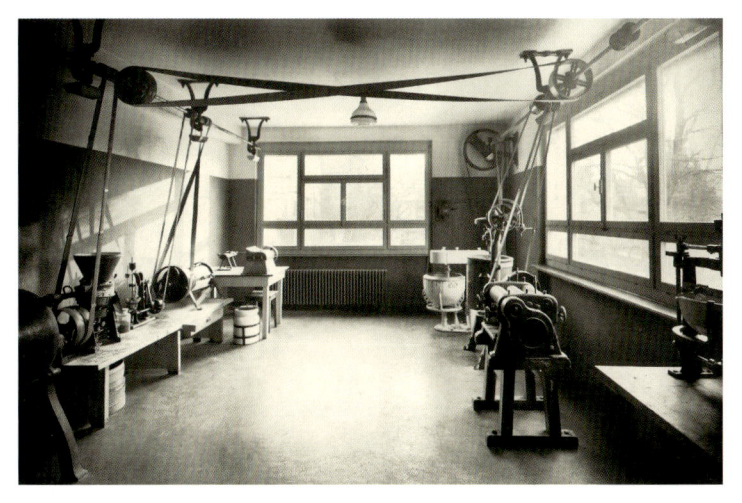

Linke Seite. Ita Wegman, daneben die Ita Wegman Klinik. Ein Bild aus den 20er-Jahren.

Oben. Freiwillige aus aller Welt als Bauarbeiter vor dem ersten Goetheanum aus Holz. Ein Bild aus dem Jahr 1919. Nach dem Brand wurde es neu gebaut: in Eisenbeton.

Unten links. Der frühere Maschinenraum der Weleda AG.

Unten rechts. Pharmazeutische Abfüllung. Ein Bild aus dem Jahr 1936.

MARIE SCHAULIN – DIE LETZTE BOTENFRAU

S'Schauli Marie war eine auffällige Gestalt in Arlesheims Leben: Grossgewachsen, schlank und äusserst gesprächig! Für ihren Mutterwitz war sie nachgerade berühmt.

Von Berufs wegen nahm sie zweimal die Woche den Weg von Arlesheim nach Basel unter die Füsse – als Arlesheims exklusive Botenfrau überbrachte sie Aufträge jeglicher Art an Basler Adressen. Die Rückreise trat sie mit gefülltem Warenkorb auf dem Kopf an, mit bestellten und eingekauften Waren für die Arleser. Ab dem Jahre 1902 war damit Schluss, das Tram übernahm den Transport. Arlesheim–Basel retour. Zu Fuss eine Tagesreise. Kein Wunder, wusste s'Schauli Marie immer auch Neuigkeiten von ihrer kleinen Regiotour zu berichten; sie war sozusagen die wandernde Nachrichtensprecherin. Im hohen Alter noch – sie starb im Jahre 1959 mit 91 Jahren – war sie tagtäglich im Dorf unterwegs, unverkennbar an ihrer schwarzen Kleidung mit dem bodenlangen Rock, dem kessen Hütchen auf dem schrägen Kopf und dem Watschelgang. Ein Dorforiginal. Und um träfe Sprüche nicht verlegen. So postulierte sie, sie wolle dereinst im Sarg auf dem Bauch liegend beerdigt werden, damit ihr alle am A. lecken können …

Für die Buben im Dorf war sie die dankbare Zielscheibe von Streichen. Sie liess sich auch leicht aufs Glatteis führen. Aus dem schmalen, «Nyffeneggergässli» genannten Gässchen neben dem Anexhaus auf den kleinen Platz tretend, fiel sie noch und noch auf den simpelsten aller Bubentricks herein – auf das auf dem Boden liegende, an einer Schnur befestigte Portemonnaie, das blitzschnell verschwand, wenn sie sich danach bückte. Solchermassen hereingelegt, stiess sie, mit ihrem Stock wild in der Luft herumfuchtelnd, hervor: «Ihr Luuschbuebe, i schagsch em Scheppli.» Mit Seppli war Josef Heller gemeint, der Sattler- und Tapeziermeister von der Dorfgasse 10, dessen Sohn Stefan als bewährter Draht- resp. Schnurzieher fungierte. Dass die «s» in ihrer wirkungslosen Drohung nur als verschwommene «sch» zu vernehmen waren, war die Folge ihres zahnlosen Mundes. Zum zusätzlichen Gaudi für uns Buben. fh

Rechts. Abfahrt einer Arlesheimer Gruppe zum Winzerfest von 1935 in Reinach.

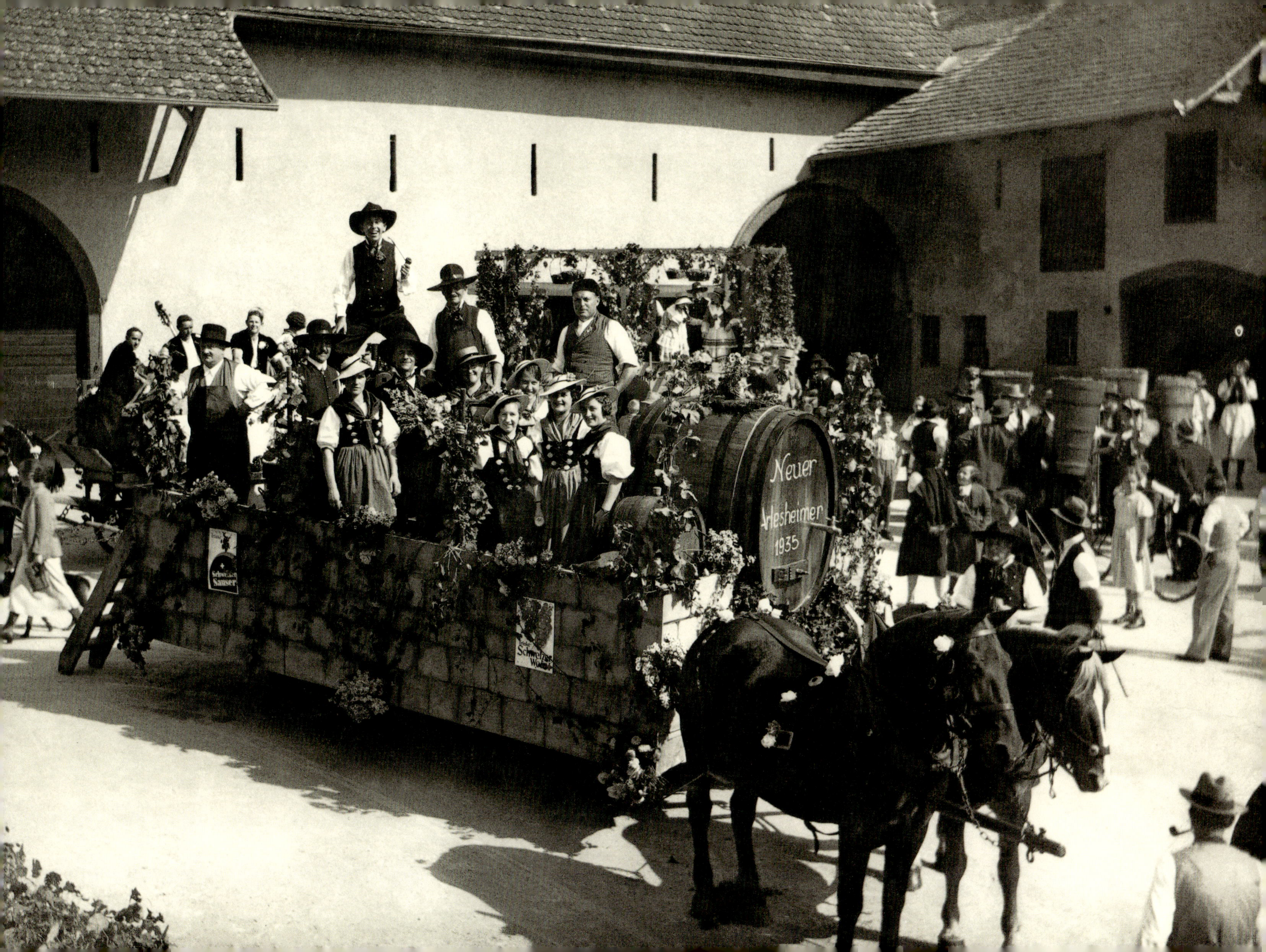
Neuer
Arlesheimer
1935
Sauser

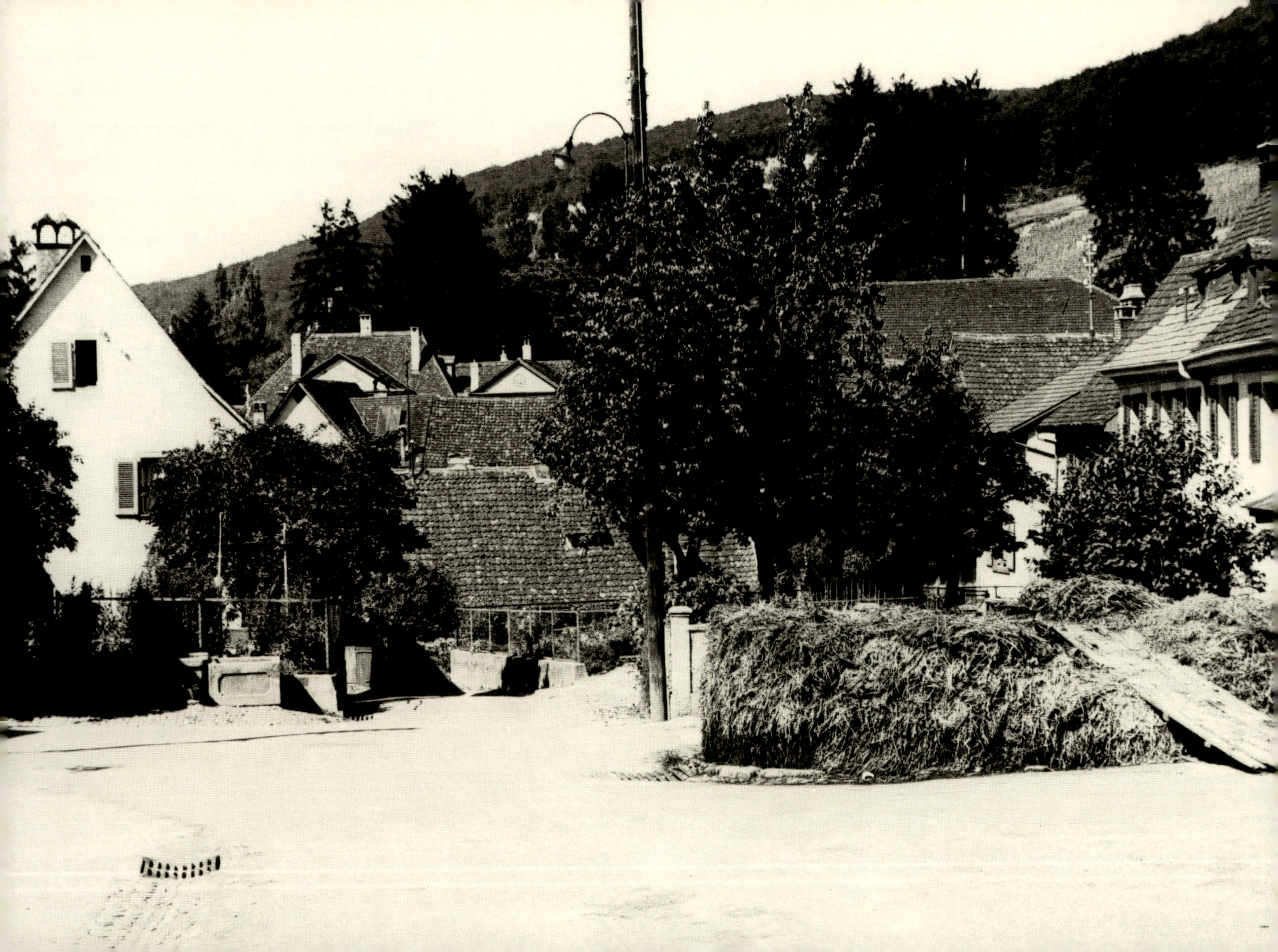

1940 – 1950

GEMÄSS VOLKSZÄHLUNG VON 1941 SIND VON 3360 ARLESERN 98 IN DER LANDWIRTSCHAFT TÄTIG, DAVON FÜNF FRAUEN. EINE FOLGE DES KRIEGS, DENN ZEHN JAHRE ZUVOR ARBEITETEN NUR 61 ARLESER IN LANDWIRTSCHAFT UND REBBAU. 845 ARLESER SIND IN INDUSTRIE- UND HANDWERKSBETRIEBEN TÄTIG.

Links. Die Obere Gasse. Noch immer gehört die Landwirtschaft zum Dorfbild.

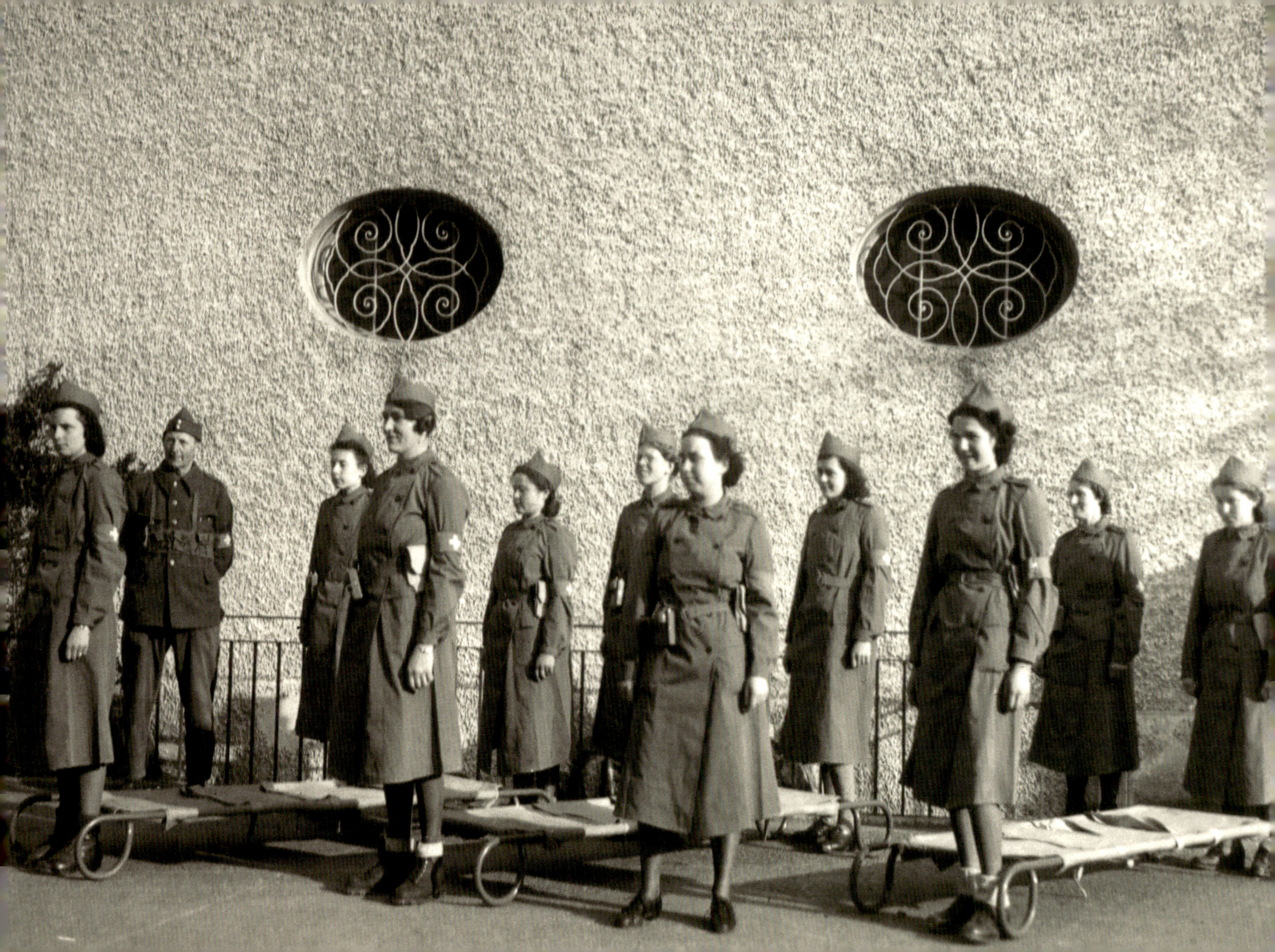

DAS TRÜBE JAHRZEHNT,
IN DEM ARLESHEIM SEINE HEITERKEIT BEWAHRTE

Der 2. Weltkrieg prägte auch das Leben in Arlesheim. Die Nähe zur deutschen Grenze war spürbar – die Bedrohung oftmals auch am Himmel sichtbar, wenn Fliegeralarm über dem südlichen Markgräflerland herrschte und die Verdunkelung dringend angeordnet war. Das «Kdo. Luftschutz-Kp. Arlesheim» ermahnte schon im November 1940 die Arlesheimer Bevölkerung, dass die Verdunkelung durch nächtliche Patrouillen kontrolliert und Zuwiderhandlungen im passiven Luftschutz geahndet würden. Das richtige Verhalten bei Fliegeralarm war selbst noch Ende 1944 ein Thema; der Samariter-Verein liess verlauten, dass «der Krieg wieder in bedenkliche Nähe unserer Grenze gerückt sei und dass fast täglich die Alarmsirenen heulen würden».

Allerdings: Das gesellschaftliche Leben nahm durchaus seinen gewohnten Gang! Der Saal im Ochsen war gerade in diesem schwierigen Jahrzehnt der unbestrittene gesellschaftliche Mittelpunkt der Gemeinde. Nicht nur zur Fasnachtszeit, auch übers ganze Jahr fanden im «KKL von Arlesheim» verschiedenste Anlässe vom klassischen Konzert über Theateraufführungen bis zum Heimatabend statt. So annoncierte beispielsweise das Wochenblatt vom 13. Juni 1941 die Theatervorstellung «Via Mala» von John Knittel. Die Anzeige prophezeite: «Arlesheim steht vor einem einzigartigen künstlerischen Ereignis des Armeetheaters.» Und am 30. Oktober 1943 gastierte der Orchesterverein im grossen Saal im Gasthof zum Ochsen mit einem Symphoniekonzert. Und passend zum ersehnten Ende der Kriegsjahre bot am 19. Januar 1945 die Soldatenbühne «Bärentatze» im Dienste der Sektion Heer und Haus im Armeestab und als Gast der hier stationierten Truppen die Dialektkomödie «Streik im Narrehus». «Zwei Stunden Lacher am laufenden Band» waren inseriert. Die Bevölkerung atmete hörbar auf – auch weil kurz darauf am 1. Mai 1945 das Wochenblatt im Verbund mit anderen Zeitungen verkünden konnte: «Kriegsende in Europa!»

Die Arlesheimerinnen und Arlesheimer liessen sich also von der doch bedrückenden wirtschaftlichen Lage nicht von ihrer Lebensfreude abhalten. Die Behörden allerdings waren wachsam. «Die kriegswirtschaftliche Zentralstelle» verbreitete in regelmässigen Abständen vom September 1942 bis Oktober 1947 insgesamt 832 amtliche Mitteilungen «über Rationierungen, Bewirtschaftungen und Höchstpreise für Nahrungsmittel». So war beispielsweise am 6. November 1942 der Höchstpreis eines 10er-Stücklis auf Fr. –.15 netto/Stück festgeschrieben!

DIE ANBAUSCHLACHT

Am 10. April 1942 titelte das Wochenblatt: «Europa hungert». Und die Schweiz sorgte vor. Die so genannte Anbauschlacht tobte. Alle waren angehalten, ihren Teil zur Nahrungssicherung beizutragen. Auch in Arlesheim war Selbstversorgung Pflicht.

Wo es ging, wurde angepflanzt. Die Gärten vor den Häusern wurden zu Pflanzblätzen; so präsentierte sich selbst die Hauptstrasse als Gemüsegarten. Schon am 8. September 1940 musste der FC Arlesheim sein Startspiel zur Saison 1940/41 gegen den FC Binningen von seinem eigenen Terrain auf dem Sportplatz «Schappe» auf den Firmensportplatz BBC verlegen, damit das Gelände zum Gemüseanbau verwendet werden konnte. Die ganze Bevölkerung

Links. Die Ortswehrsanität in den frühen 40er-Jahren, aufgenommen beim Domplatzschulhaus.

Oben. Ortswehr bei einer Gasmaskenübung.

Unten. Zu den Aufgaben der Ortswehr gehörte auch die Abfallentsorgung.

wurde zu Bauern. Selbst Globi musste zur Stärkung des Durchhaltewillens herhalten: Die 1941 erschienene Globibuch-Ausgabe von Robert Lips und Alfred Bruggmann hatte den instruktiven Titel «Wie Globi Bauer wurde». In Arlesheimer Köpfen soll sogar die Idee einer Umnutzung der Eremitageweiher als Gemüseplantagen herumgespukt haben...

Eine strikte Rationierung der Lebensmittel wurde eingeführt. Während der ganzen Kriegszeit war auch in Arlesheim die monatliche Ausgabe der Lebensmittel- und Rationierungskarten annonciert. Und die «Altstoffstelle» ermunterte die Bevölkerung wiederholt und eindringlich zu Altstoffsammlungen. Darunter fielen Waren und Stoffe wie Zeitungen, Heftli, Knüllpapier, Eisen und Metalle, Knochen und Lumpen, Büchsen und Glas. Aber auch zur Sammlung von Wildfrüchten wie Kastanien, Eicheln und Buchnüssen wurde aufgerufen. Wie einschneidend die Kriegszeit war, belegt die Existenz eines «Gemeinde-Kriegs-Wirtschaftsamtes Arlesheim».

Der unsägliche Krieg suchte Arlesheim auch noch aus einem anderen, traurigen Grund heim. Am Abend des 29. Juli 1940 benutzte der Koch der seit elf Monaten mobilisierten, damals in verschiedenen Höfen im solothurnischen Guldental einquartierten Mitrailleurkompanie IV/52 irrtümlicherweise Maschinengewehröl anstelle von Speiseöl zur Zubereitung von Käseschnitten. Als Folge davon erlitten 74 Wehrmänner bleibende, teils gravierende gesundheitliche Schäden. Diese, später «Ölsoldaten» genannten Armeeangehörigen stammten mehrheitlich aus dem Baselbiet; das schwere Unglück betraf auch etliche Familien in Arlesheim.

VIEL NEUES

Von drei auffälligen baulichen Änderungen war der Dorfkern betroffen. So wurde im Jahre 1944 der alte Dorfplatzbrunnen von 1791 durch einen neuen ersetzt, wiederum in der prägnanten Form eines Oktogons. «Auf dem neuen Brünnlein beim Rössliplatz hat eine liebliche Prinzessin Platz genommen», tat das Wochenblatt am 18. April 1946 kund, «eine Bronceplastik der in Arlesheim lebenden Bildhauerin Adele Schallermüller.» Seither erfreut die Figur aus dem Grimm'schen Märchen vom Froschkönig Gross und vornehmlich Klein. Und 1948 wurde der «Gasthof Löwen» auf dem Domplatz liquidiert; fortan diente das Haus Nr. 9 als Bezirksschreiberei.

Ein für das Dorfleben wichtiger Tag war der 21. Mai 1950. Auf Beschluss und auf Einladung der Bürgergemeindeversammlung vom 14. Mai besammelten sich erstmals die Bürger (und einige wenige Bürgerinnen) Arlesheims zum ersten Banntag. Als Motto dieses Tages wurde ausgegeben: Wer recht in Freuden wandern will, der geh' dem Wald entgegen.

Und zum Abschluss sei als schulpolitisch durchaus weitsichtige und nachhaltige Weichenstellung vermeldet, dass anno 1948 die Herren Oscar Studer und Joseph Renggli als Lehrer an die Schule Arlesheim gewählt wurden. Damit war auch die drei Jahre zuvor im Gemeinderat und in der Bevölkerung kontrovers diskutierte Frage, ob neu eine Lehrerin oder ein Lehrer einzustellen sei, vom Tisch. fh

Oben links. UNO Clique (40er-Jahre). Von links nach rechts: Hans «Fusch» Stöcklin, Paul «Bolle» Meury, Gottfried «Pic» Meury, Otto «Stalle» Stalder, Alois «Wisi» Bloch.

Oben rechts. Festsaal des Gasthaus Ochsen, für einen Fasnachtsball hergerichtet. Ein Bild aus den 40er-Jahren.

Unten. Am 21. Mai 1950 fand in Arlesheim der 1. Banntag statt. Ein gesellschaftliches Ereignis, dem man im Sonntagsanzug beiwohnte.

EINE KINDHEIT WÄHREND DES ZWEITEN WELTKRIEGS

Der Oberbefehlshaber der Armee

Armeehauptquartier,
1. Januar 1943.

Lieber Alois,

Mit Deinem liebenswürdigen Neujahrsgruss hast Du mir Freude bereitet. Ich danke Dir herzlich dafür und sende Dir zum Jahreswechsel meine besten Wünsche.

Mit freundlichen Grüssen.

Dein General:

Ein Dokument aus dem Jahr 1943. Der damals 16-jährige Alois «Wisi» Bloch hatte dem General Henri Guisan einen Neujahrsgruss geschickt und erhielt darauf von ihm diese Dankeskarte.

An den Zweiten Weltkrieg kann sich Ernst Künzi (1931) noch gut erinnern, obwohl er bei dessen Beginn gerade mal achtjährig war. Angst einflössend waren die Fliegeralarme, wenn sich ein Bomber über den Rhein verirrte und alle so schnell sie konnten in den nächsten Keller flüchteten. Nachts mussten die Fenster mit schwarzen Tüchern verdunkelt werden, um den Flugzeugen kein Ziel zu bieten.

Und doch hat er die Zeit des Kriegs auch als lebendige und aufregende Zeit in Erinnerung. Wie zum Beispiel an das Gaudi, das sie hatten, wenn sie den Artilleriesoldaten mit ihren Pferdegespannen hinterher radelten. Der heruntergefallene Pferdemist landete im vom Vater gezimmerten Wägelchen an ihren Velos und schliesslich im heimischen Zwiebelbeet. Spannend für den Jungen waren auch die vielen fremden Soldaten, die im Dorf einquartiert waren. Die Offiziere im Ochsen und die Soldaten in der mit Trennbalken und Stroh zum Schlafsaal zurechtgemachten Turnhalle. Für Abwechslung im Speiseplan der Schuhmacherfamilie Künzi sorgte die Militärküche, die hinter dem Restaurant Rössli ihr Quartier hatte, wo die Buben mit Milchkesseli die übrig gebliebenen Teigwaren, Kartoffeln und Suppen abholten. dc

MAX FRISCH, DIPL. ARCH.

An der Hangstrasse 28 in Arlesheim ist das erste selbstständige Bauprojekt des Schriftstellers und Architekten Max Frisch (1911–1991) zu besichtigen. Es wurde im Jahr 1941 gebaut, und der Arlesheimer Architekt Otto Seiberth (1892–1952) besorgte die Bauleitung.
Der Plan wurde im Archiv der Seiberth + Moser GmbH gefunden. Hat ihn Max Frisch eigenhändig gezeichnet? js

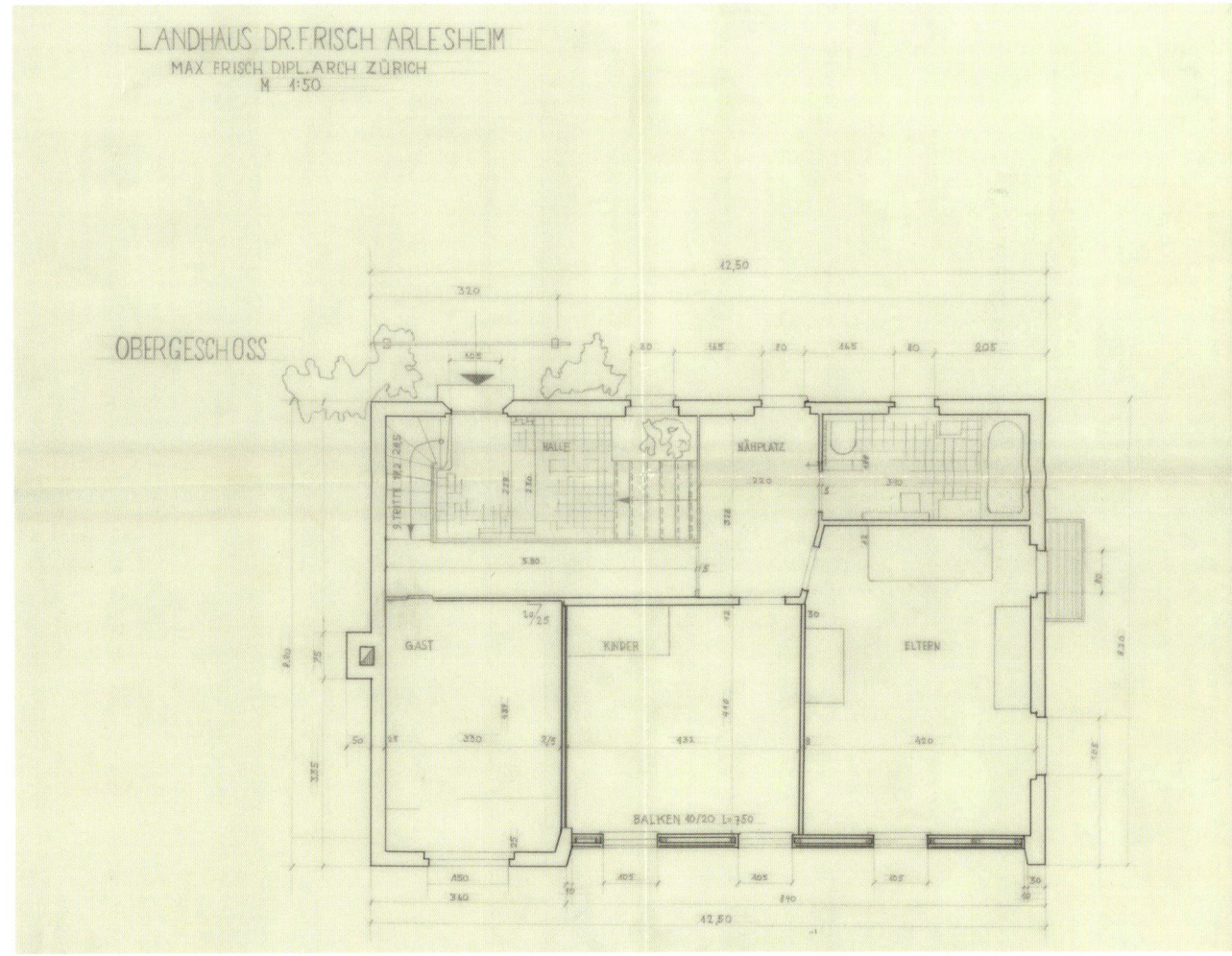

AERNSCHD SCHAAD –
EIN TEIL DES DORFBILDS

«Er braucht einen Waffenschein für seine Hände», flachsten die einen; «er ist knapp unter drei Meter gross» die andern; «er kann locker den Dom in seinen Schatten stellen», und «was man nicht sieht, wenn er durchs Dorf fährt, das ist sein Töffli». So und ähnlich versuchte die Dorfjugend den Schaad Aernschd zu beschreiben, einen Mann, der allein schon durch seine imposante Gestalt auffiel – ein Brocken von Mann. Die Sprüche der Jugendlichen waren allesamt von Respekt geprägt. Ernst Schaad war ein Mann mit Ausstrahlung, eine Respektsperson, ein richtiger Typ, einer, der zu allen rasch einen guten Draht fand, mit 32 Dienstjahren als Wegmacher eigentlich ein Stück Arleser Dorfbild. Und dazu: Der Schaad Aernschd war ein Mann mit einer spannenden Biografie.

Am 4. Juni 1911 wurde er als ältester von drei Buben geboren; er wuchs in Neu-Arlesheim auf. Eine seiner wenigen unangenehmen Kindheitserinnerungen soll die Beziehung zum Milchmann gewesen sein, der sich einen Spass daraus gemacht habe, den kleinen Ernst immer und immer wieder zu necken, berichtet Ernst Schaads Tochter Louise. Mit 18 Jahren fühlte sich Ernst Schaad «reif» für die Revanche: Er packte den Milchmann und verschaffte ihm ein ebenso kühles wie unfreiwilliges Bad im Dorfbrunnen. Weil Aernschd befürchtete, für das Deliktlein strafrechtlich belangt zu werden, machte sich der starke Mann dünn – und begab sich in die Fremdenlegion nach Algerien. In der Legion arbeitete er vor allem als Küchenchef. Mit 23 Jahren kehrte er in die Schweiz zurück, reich an Erfahrungen, geprägt von zum Teil entsetzlichen Kriegsbildern – und geschmückt mit Tätowierungen, etwa einem mächtigen Adler auf der Brust. Im Aktivdienst war Aernschd in Gempen einquartiert; hier lernte er seine Frau Anna kennen; dem Paar wurden die Kinder Louise (1942) und Paul (1945) geboren. In dieser Zeit begann Ernst Schaad für die Gemeinde als Wegmacher zu arbeiten. Wer ihn nicht als solchen kennengelernt hatte, dem begegnete er spätestens bei Ermitage-Spaziergängen – die Schaads bewohnten nämlich bis ins Jahr 1970 das Gärtnerhaus am Ermitageeingang. Hier pflegte Aernschd seine Enten, Küngel und Geissen und betreute dazu die Waldbruderklause. Geradezu legendär wurde der sonntägliche Schönmatt-Stammtisch, den Aernschd mit zwei anderen imposanten Sprücheklopfern abhielt, dem Basler Boxer Hans Müller und dem Muttenzer Schwinger Peter Vogt.

Ernst Schaad starb am 4. Oktober 1976, erst 65-jährig; er sass mit Freunden beim Essen im Restaurant Reichensteinerhof, erlitt einen Hustenanfall und erstickte, weil ihm ein Stück Fleisch in die Luftröhre geriet.

Vom Schaad Aernschd sind nicht nur Anekdoten, Bilder und Erinnerungen geblieben; in seiner Freizeit hatte er nämlich das Schnitzen erlernt, und noch immer hängen in vielen Arleser Häusern Figuren, Hexen, Masken, Güggel vor allem – filigrane Dinge, erschaffen von einem fantasievollen Geist und zwei mächtigen Händen. fw

Aernschd Schaad (rechts) mit seinem Arbeitskollegen Ernst Dähler, Ende der 50er-Jahre.

1. August-Feier 1942 vor dem Dom, mit einer Darbietung des Turnvereins.

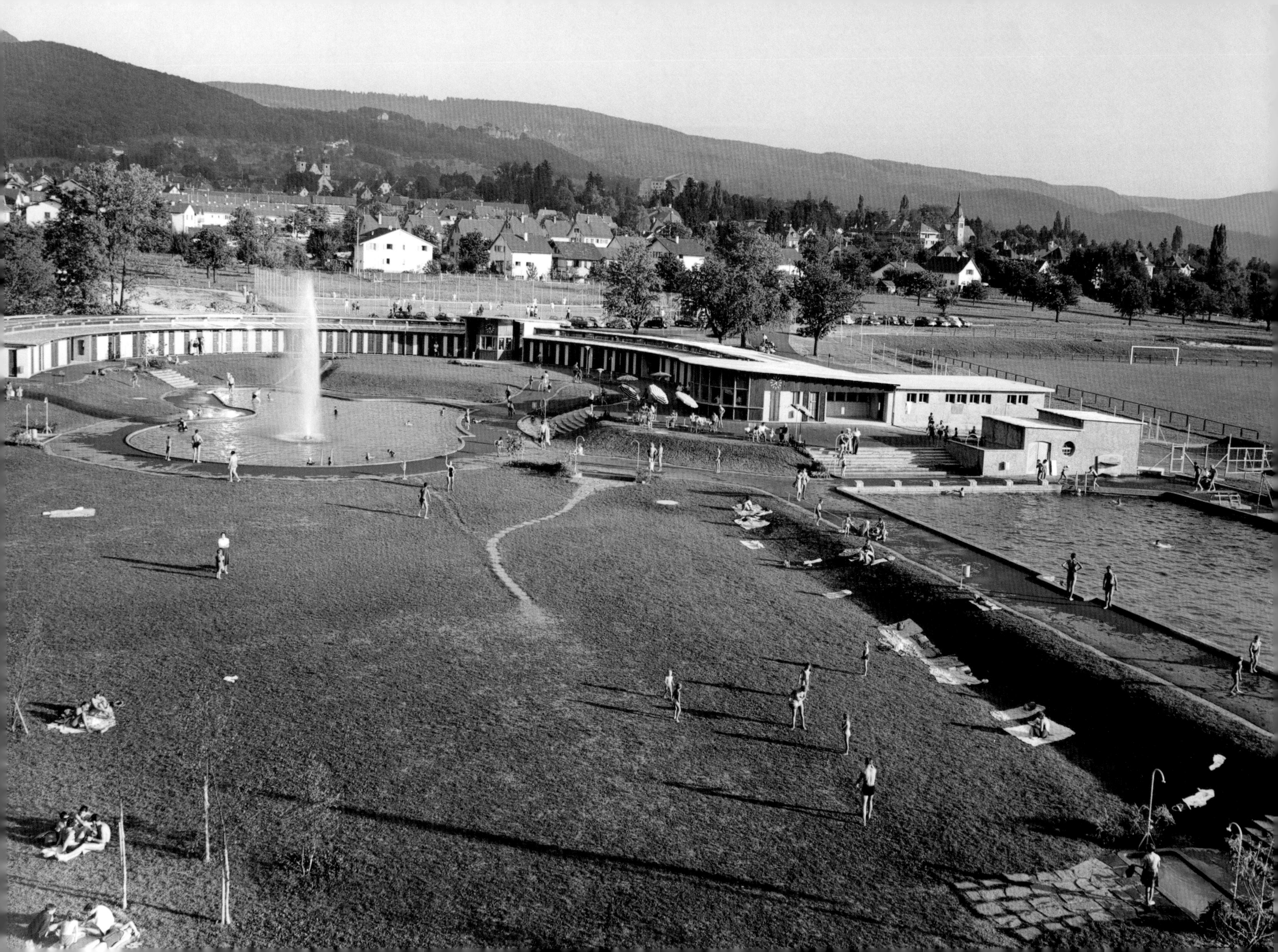

1950 – 1960

DER BABYBOOM MACHT AUCH ARLESHEIM ZU EINEM JUNGEN DORF. VON 3898 EINWOHNERN SIND 831 UNTER 14 JAHRE ALT, 418 BUBEN UND 413 MÄDCHEN. IN DEN ÄLTEREN JAHRGÄNGEN IST DAS WEIBLICHE GESCHLECHT STARK IN ÜBERZAHL; 623 FRAUEN SIND ZWISCHEN 20 UND 39 (GEGENÜBER 467 MÄNNERN) UND 256 FRAUEN ÜBER 65 (GEGENÜBER 163 MÄNNERN).

Links. Das neue Schwimmbad kurz nach seiner Eröffnung 1953.

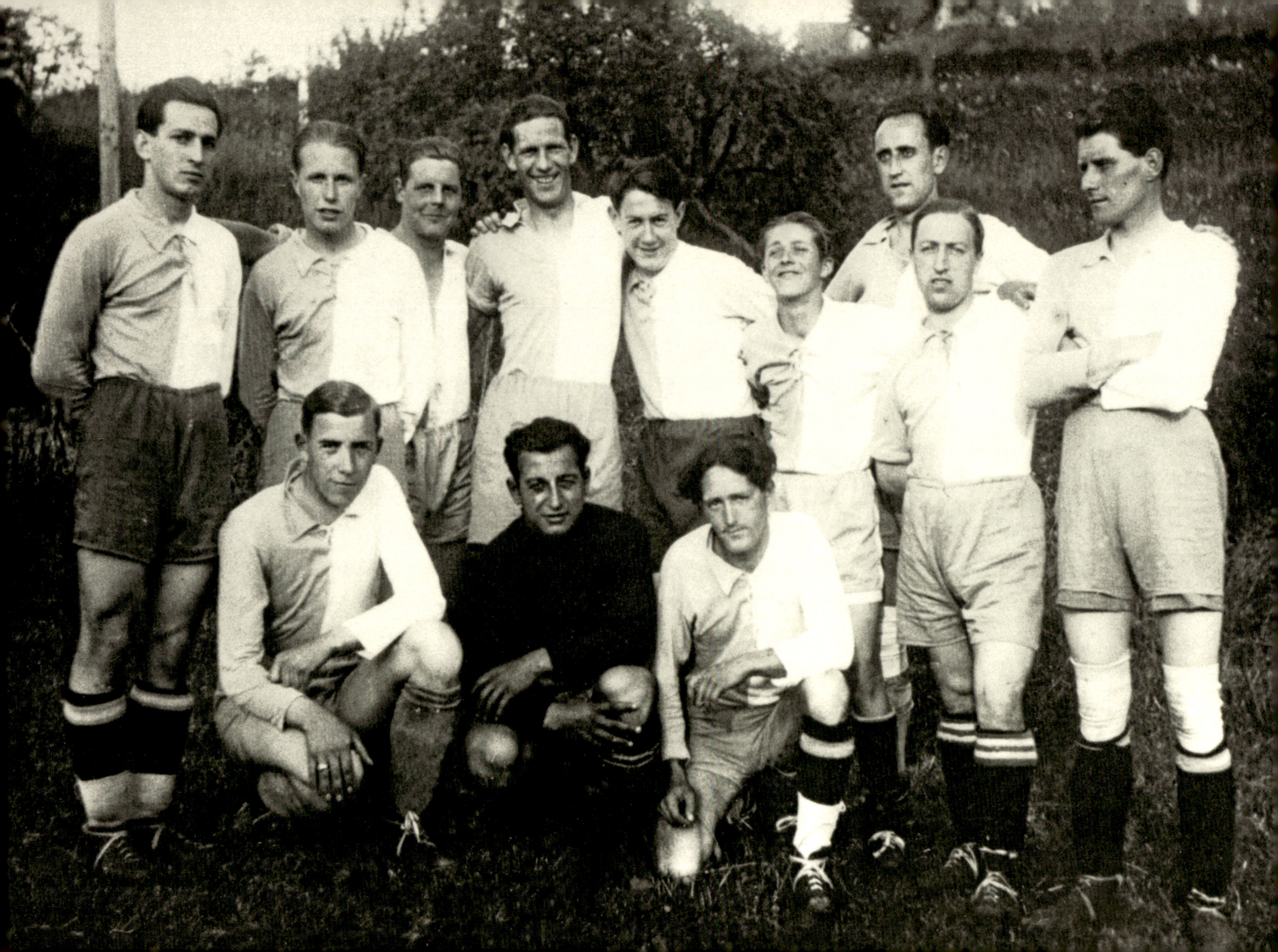

DAS JAHRZEHNT,
IN DEM ARLESHEIM SCHWIMMEN LERNTE

Ein paar Herren ganz unterschiedlicher Art waren so etwas wie die «local heroes», die dörflichen Ikonen, für die sportbegeisterten Jugendlichen im Arlesheim der Fünfzigerjahre.

Das war auf dem Fussballplatz einmal der Herr Liechti, am Ball vielleicht nicht gerade der feinste Techniker, aber als immer engagierter und korrekter Spieler war er mehr als nur ein sportliches Vorbild.

Dann gabs den Herrn Fleury, den Bäcker und Konditor, eher rundlich und vielleicht nicht grad von athletischster Figur, aber von guter Standfestigkeit und mit ruhiger Hand, was ihm als Bocciaspieler die richtige Präzision verlieh.

Dann gabs den Herrn Berger, einen Herrn Lehrer; vielleicht befand ihn die Damenwelt generell als elegant, uns Schüler interessierte weniger sein immer dunkler Teint als vielmehr der gute Tennisspieler in ihm.

Dann gabs den Herrn Neumann, einen der besten Zehnkämpfer des Kantons; wir sahen ihm gern beim Stabsprungtraining zu; harte Stäbe und harte Landungen tief in der Sandgrube – die Glasfiberstäbe und die komfortablen Schaumstoffmatten für die Landung waren da noch nicht erfunden. Und etwas vom Besten: Wir durften dem Herrn Neumann sogar du sagen.

Etwas später schliesslich kam noch eine gewisse Faszination an einer lokalen Schwimmerin dazu; die Faszination allerdings hatte wohl weniger mit deren sportlichen Leistungen zu tun.

Die Fünfzigerjahre sind für Arlesheim das Jahrzehnt des Sports; der Entwicklung der sportlichen Infrastruktur, um genau zu sein – und diese für die damalige Zeit einzigartige Infrastruktur hat folgerichtig die sportliche Aktivität im Ort befördert. Die Einzigartigkeit bestand auch darin, dass sich die Sportanlagen an einem Ort zu einem veritablen Sportzentrum verdichteten. Der einzige, winzige Nachteil: Wer als Jugendlicher seine Freizeit dort verbrachte, musste sich immer diesen einen mahnenden elterlichen Satz anhören: «Pass uff an dr Birseckstrooss.»

ZUKUNFTSWEISEND

Der 27. August 1952 ist für Arlesheim ein wichtiges Datum; an jenem Abend bewilligte die Gemeindeversammlung einen Kredit von 945000 Franken für den Bau eines Schwimmbads, und im Anschluss an diesen Beschluss sagte der damalige Gemeindepräsident Max Zimmerli: «Und s näggscht Johr göhn mr im Arleser Schwimmbad go bade.» Tatsächlich schuf innerhalb von nur zehn Monaten «der Berner Architekt Hanns Beyeler mit seinen Leuten eine zukunftsweisende Anlage», wie das Heimatkundebuch Arlesheim von 1993 schreibt. Das Schwimmbad wird am 16. August 1953 eingeweiht; auf einer kleinen Bronzetafel beim Sprungturm ist noch heute dieser Satz zu lesen: «Der Jugend vom Birseck – gestiftet von den dankbaren Unternehmern und der Bauleitung». Nicht ganz vollständig, es fehlen eigentlich die «Unterschriften» der Behörden und der Einwohner, die damals dieses Projekt ermöglichten. Dass es sich beim Arleser Beedli tatsächlich um eine «zukunftsweisende Anlage» handelte, zeigt eine weitere Jahreszahl: Erst im Jahr 2000, also 47 Jahre nach Eröffnung des Bads, musste die Gemeinde über eine umfassende Sanierung des Bads nachdenken; sie dachte nicht lange nach und sagte selbstverständlich Ja.

Links. Die Mannschaft des Fussballclubs Arlesheim im Gründungsjahr 1933.

Links. Stabhochsprung in die Sandgrube des TV Arlesheim in Münchenbuchsee.

Rechts. Mannschaftsfoto des FC Arlesheim (50er Jahre).

Gleichzeitig mit dem Schwimmbad konnten 1953 in dessen unmittelbarer Nachbarschaft der Fussballplatz Hagenbuchen und, eine kleine Geländeterrasse tiefer, die Turn- und Leichtathletik-Anlagen in Betrieb genommen werden. Der Tennisclub konstituierte sich bereits im Dezember 1952, den 65 Mitgliedern standen zunächst drei Plätze zur Verfügung – und in Jean Bonnard ein grosszügiger Gönner. Ab 1962 organisierte der TC auf Initiative von Hans Berger den Birseck-Cup, der nicht nur ein wichtiges regionales Turnier wurde, sondern auch zum lokalen gesellschaftlichen Anlass gedieh.

1970 erfuhr das Sportzentrum eine spektakuläre Erweiterung: Die Arlesheimer Sporthallen-Gesellschaft (ASG) errichtete ein Curlingzentrum sowie, dem damaligen Boom folgend, im Untergeschoss ein Hallenschwimmbad. Dieses Hallenbad sollte später in der Gemeinde einige wilde Wirbel verursachen wegen eines Streits um ein Lehrschwimmbecken, und danach noch einmal aus anderen Gründen hohe Wellen werfen. ASG und Gemeinde hatten nämlich vereinbart, dass das Hallenbad den Schulen an Vormittagen unentgeltlich zur Verfügung stehen solle. 1978 aber schloss die ASG das Bad wegen prekärer Finanzsituation; das entsprechende Traktandum 4 der Gemeindeversammlung vom 23. März 1981 füllt drei komplizierte Seiten. Die langwierige Auseinandersetzung endete damit, dass vom Hallenbad nichts übrig blieb und sich das Curlingzentrum wesentlich vergrössern konnte. In den Achtzigerjahren entstand «Im Tal» ein zweites Sportzentrum mit den Anlagen des Tennisclubs Reichenstein und neuen, grosszügigen Anlagen für den Fussballclub. Damit wurde in den Hagenbuchen Raum frei, der anderweitig genutzt werden konnte – zum Beispiel für einen Skateboardparcours und eine lange ersehnte Dreifachhalle; die Gemeindeversammlung vom 16. Februar 1998 stimmte dem entsprechenden Kredit von sieben Millionen Franken zu, und am 26. August 2000 konnte die Halle in Betrieb genommen werden.

DIE SPORTPROMINENZ

Die gute Infrastruktur im Sportort Arlesheim und die Sportfreundlichkeit der Gemeinde trugen natürlich, wie es im Sportjargon heisst, ihre Früchte, und die lokale Sportprominenz beschränkt sich keineswegs auf die eingangs beschriebenen «local heroes» der Fünfzigerjahre. Eine kleine Aufzählung ohne jeden Anspruch auf Vollständigkeit: Der Leichtathlet Marius Theiler (1938) gewann 1962 an den Europameisterschaften in Belgrad Bronze mit der 4 × 400-Meterstaffel und nahm zwei Jahre danach an den Olympischen Spielen in Tokio teil; der Schütze Theo Ditzler (1936) wurde 1970 in Phoenix (USA) zweifacher Weltmeister und 1971 in Suhl (DDR) Europameister; seine Spartenkollegin Gaby Bühlmann (1964) nahm von 1988 bis 2000 viermal an Olympischen Spielen teil und gewann 1988 ein Diplom; vom Militaryreiter Werner Kilcher ist auf Seite 69 dieses Buchs die Rede. Und Gaby Casanova (1956) schliesslich wurde Welt- und Europameisterin im Curling. Zusammen mit ihren drei Kolleginnen vom Team Albeina gewann sie 1979 den WM-Titel in Perth (Schottland) und den EM-Titel in

Links. Sonntagsübungen des TV in den 30er-Jahren.

Rechts. Arleser Mannschaft am Basler Kantonalturnfest von 1935.

Varese (Italien); sie war mit damals 23 Jahren die Jüngste, dank ihrer Klasse aber gleichwohl Skip des Teams. Die sprichwörtliche Nähe eines Steinwurfs hat Gaby Casanovas auf Eis gebaute Sportkarriere begünstigt: Ihr Elternhaus stand nämlich an der Kreuzung Weidenhofweg/Birseckstrasse, gerade mal eine Gehminute von der Curlinghalle entfernt. Und Ideengeber für Gabys «steinernen» Weg war eigentlich Vater Alois Casanova; er war Mitglied des Bocciaclubs, und in der Boccia-Szene war der Wunsch nach einer Curlinghalle aufgekommen. Vater Casanova selbst blieb die Curling-Karriere allerdings verwehrt; ein Basler Club hatte ihm, dem damals 37-Jährigen, zu verstehen gegeben, er sei für das Curlingspiel zu jung! fw

DIE TEURE FÜLLFEDER

Jede neue Politikergeneration nimmt für sich in Anspruch, das Sparen zu erfinden. Die Sparkonzepte kosten unter Berücksichtigung aller Aspekte langfristig aber meistens mehr, als sie bringen, etwa nach dem Motto: «Gespart muss sein, koste es, was es wolle». Dass schon früher der Wille zu sparen in extremis vorhanden war, zeigt ein Beispiel aus dem Jahr 1954. Der damalige Gemeindeverwalter Reinhard Dieffenbach musste von Amtes wegen Akten unterschreiben. Dazu brauchte er eine Füllfeder, eine damals ziemlich kostspielige Anschaffung. Auf der Verwaltung war keine vorhanden. Die Kompetenz, eine zu kaufen, hatte er nicht. Also stellte er den Antrag an den Gemeinderat für den Kauf eines Fülli. Der Gemeinderat hat den Antrag abgelehnt; es sei Sache des Verwalters, auf seine Kosten eine Füllfeder zu erwerben. Nach einem Wiedererwägungsantrag und langer Diskussion wurde der notwendige Kredit schliesslich doch bewilligt. ps

Grosses Publikumsinteresse am Birseck-Cup 1977, dem Turnier zum 25-jährigen Bestehen des TC Arlesheim.

WERNER KILCHER – OLYMPIA, WEIN UND UMWELTSCHUTZ

«Wenn dieser eine verflixte Sprung nicht gewesen wäre – es hätte zu einer Medaille reichen können.» Der verflixte Sprung hätte Mitte des 20. Jahrhunderts stattfinden sollen, an den Olympischen Spielen 1952 in Helsinki. Das Pferd, das am Hindernis verweigerte, hiess Violette, eine feingliedrige Stute aus Frankreich, der Wettbewerb war die Military, dieser Dreikampf aus Dressur, Springen und Geländeritt, und der Reiter hiess Werner Kilcher, Jahrgang 1927, Oberleutnant der Schweizer Armee und von Beruf Landwirt auf dem Gut des Andlauer Hofs in Arlesheim. Ein reiner Amateur also, der von zwei vorteilhaften Bedingungen profitieren konnte: Die Kavallerie der Armee ermöglichte ihm regelmässiges Reiten, und als Landwirt hatte er sein Pferd stets zur Verfügung und konnte auf seinem eigenen Dressurviereck am Fuss des Arleser Schlittelhügels trainieren.

An Werner Kilchers Olympiateilnahme erinnern heute ein im Familienalbum eingelegtes Olympiaabzeichen, Werner Kilchers Teilnehmerausweis und das Bedauern über seinen «verflixten Sprung», wie Werner Kilchers ältester Sohn Markus zitiert.

Der Sport ist denn auch nur ein Teil von Werner Kilchers Biografie. Er war vor allem Landwirt, war als solcher stark verbunden mit Hof und Natur und war durchaus auch ein Pionier. Er war einer der ersten in Arlesheim, die den biologischen Landbau pflegten, er war besorgt um die Belastungen von Wasser, Luft und Boden. Als ökologisch denkender Mensch war er auch im Rebberg überaus erfolgreich mit seinen Weinen aus biologisch-ökologischem Anbau. Seinen Pinot Noir pries der Weinjournalist Thomas Vaterlaus als «Paradewein aus dem Baselbiet», und dass ihn der grosse Hans Stucki vom Restaurant Bruderholz auf seine Karte nahm, war ihm wahrscheinlich mehr wert, als es eine Olympiamedaille gewesen wäre.

Die Menschen, die in den lokalen Zeitungen Werner Kilchers Nachrufe schrieben, bezeichneten ihn als «Kämpfernatur mit Durchhaltewillen», als einen Mann, dessen «Leben sich nie im bequemen Durchschnitt abgespielt hat». Werner Kilcher ist 67-jährig gestorben, beim Arbeiten. Natürlich beim Arbeiten, ist man zu sagen versucht. Beim Aufgang zum Heustechen stürzte er ab und zog sich tödliche Kopfverletzungen zu. Es war der 1. April des Jahres 1995. Am 1. April 1895, auf den Tag genau hundert Jahre vor Werners Tod, hatte Werners Grossvater Franz Kilcher dieses Bauerngut gepachtet und damit die Kilcher'sche Familientradition auf dem Andlauer Hof begründet. fw

Oben. Der Olympiaausweis 1952 von Werner Kilcher.

Unten. Werner Kilcher auf einem seiner Springpferde.

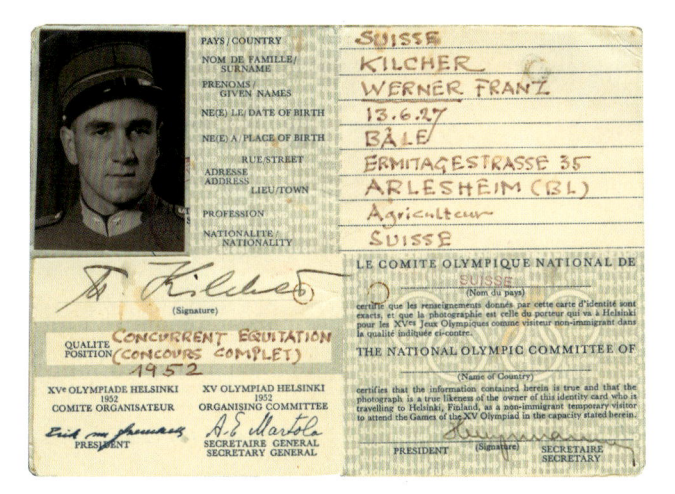

Oben. Stand der Bäckerei Wyss.

Unten. Karl Heuer zeigte sein «kunsthandwerkliches» Geschick.

WEIHNACHTS- UND GEWERBE-AUSSTELLUNG

Ein dicker brauner Fotoband zeugt noch heute von der grossen Weihnachts- und Gewerbe-Ausstellung, die am 22. und 23. November 1952 in der Turnhalle und dem Gemeindesaal von Arlesheim stattgefunden hatte. Der Gewerbeverein wollte damit eine «bessere Verbundenheit zwischen Privat- und Wirtschaftsleben, zwischen Käufer und Verkäufer fördern», wie er in seiner Ankündigung im Arlesheimer Wochenblatt schrieb. Darin beklagte er auch die Meinung der Bevölkerung, in Arlesheim «könne man dies oder jenes, ja, man könne überhaupt nichts Rechtes kaufen» und gehe «deshalb, ohne den Versuch zu wagen», das Gewünschte zu finden, «den Weg in die Stadt». Um dem Bild des kleinen, verstaubten und rückständigen Gewerblers entgegenzuwirken, bauten die 51 teilnehmenden Geschäftsleute beeindruckende Stände auf. Die Maler, Sattler, Coiffeure, Schreiner, Spengler, Ofenbauer, Kohlehändler, Weinbauern, Bäcker und Metzger legten ihr ganzes handwerkliches Können in die Präsentation ihrer Berufe, um der «Öffentlichkeit zu zeigen», dass die Gewerbetreibenden dem «alten Grundsatze, der einem edlen Gewerbe anhaften soll, treu geblieben sind und auch dem modernsten Anspruch dienen können». Dem Betrachter von heute stechen vor allem die Stände der beiden Metzger Fritz Jenzer und Karl Heuer in die Augen, die aufwändig dekorierte Ochsenviertel und mit Ornamenten verzierte Schafhälften präsentierten. dc

ALFRED RASSER – KABARETTIST UND NATIONALRAT

Der Kabarettist Alfred Rasser wohnte ab dem Jahr 1957 für gut ein Dutzend Jahre in Arlesheim. Berühmt wurde er mit der Figur des HD-Soldaten Läppli, einer Schweizer Spielart von Hašeks bravem Soldaten Schweijk. Mit seinem genialen Spiel mit der Naivität, mit seiner pointiert eingesetzten Mimik und vor allem mit seinen gesellschaftspolitischen Anspielungen begeisterte er Publikum und Presse. 1935 schloss sich Rasser für fünf Jahre dem Cabaret Cornichon an. Sein unverstelltes politisches Engagement prägte auch seine Bühnenauftritte. 1943 eröffnete er seine eigene Bühne, das Kabarett Kaktus, das bis 1951 existierte. Kurz vor seiner Arleser Zeit, im Jahre 1954, wurde er während des «Kalten Krieges» mit anderen Künstlern (u. a. mit dem Basler Maler Max Kämpf) und Politikern zu einer Reise in die Volksrepublik China eingeladen. Dies führte im Anschluss zu Repressalien: Rasser wurde nicht mehr engagiert, abgeschlossene Verträge wurden aufgelöst, fast alle Theater waren ihm plötzlich verschlossen. Das Filmgeschäft war seine Rettung und brachte schliesslich die Rehabilitierung: 1954 folgte aufgrund des gewaltigen Erfolgs seiner Läppli-Figur eine Verfilmung mit dem Titel «Läppli am Zoll». Diesem folgten die Filme «HD-Soldat Läppli» (1959, teilweise im «Schappe»-Areal gedreht) und «Demokrat Läppli» (1961).

Alfred Rasser war auch politisch aktiv und wurde 1967 für den Landesring der Unabhängigen in den Nationalrat gewählt, wo er für zwei Legislaturperioden blieb.

Rasser wohnte mit seiner zweiten Ehefrau Ninette Rossellat und ihren drei Kindern an der Hangstrasse 39 in Arlesheim im so genannten «Roten Haus», das vom bekannten Basler Architekten Paul Artaria erbaut wurde; Artaria war berühmt für seine Holzbauten.

Rasser zeigte seine unverwechselbare Kabarettkunst auch in Arlesheim. Mitte der fünfziger Jahre ging in der Turnhalle des Domplatzschulhauses eine übervolle Vorstellung vor einem begeisterten Einheimischenpublikum über die Bühne.

Alfred Rasser starb 70-jährig im Jahre 1977. fh

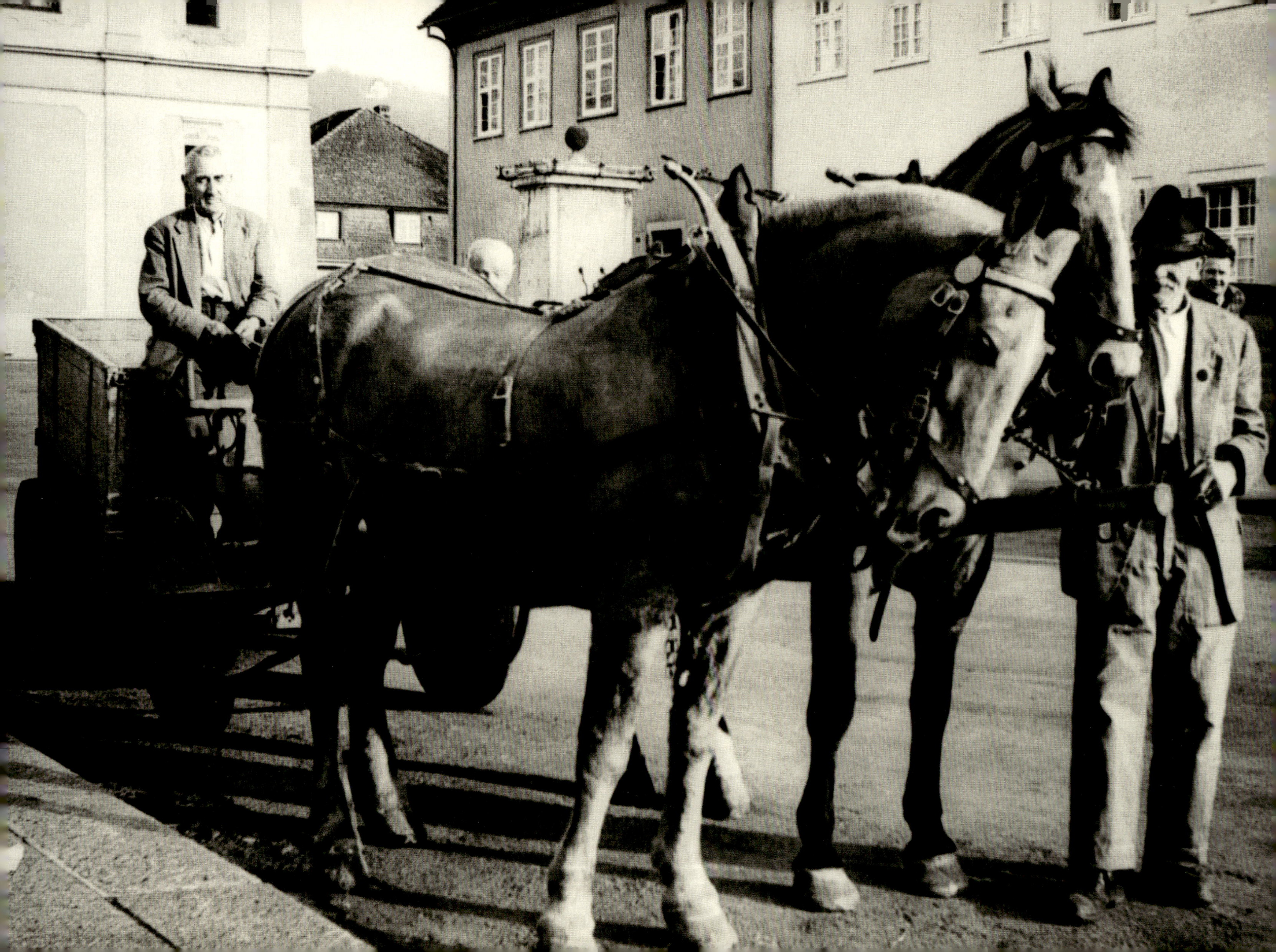

1960 – 1970

DIE LANDWIRTSCHAFT VERLIERT IN ARLESHEIM WEITER AN BEDEUTUNG; IN LAND- UND FORSTWIRTSCHAFT SIND IM JAHR 1960 NUR GERADE 66 VON 5219 EINWOHNERN BESCHÄFTIGT, DAGEGEN RUND 1800 IN HANDEL, VERKEHR UND GASTGEWERBE. IM RESTAURANT OCHSEN KOSTET 1960 EINE BRATWURST MIT RÖSTI DREI FRANKEN. AM 1. MÄRZ 1969 WIRD DIE SÄULIZUNFT GEGRÜNDET.

Links. Kehrichtabfuhr ums Jahr 1950. Sie machte sich durch eine Glocke bemerkbar und war deshalb als «Glöggliwage» ein Begriff.

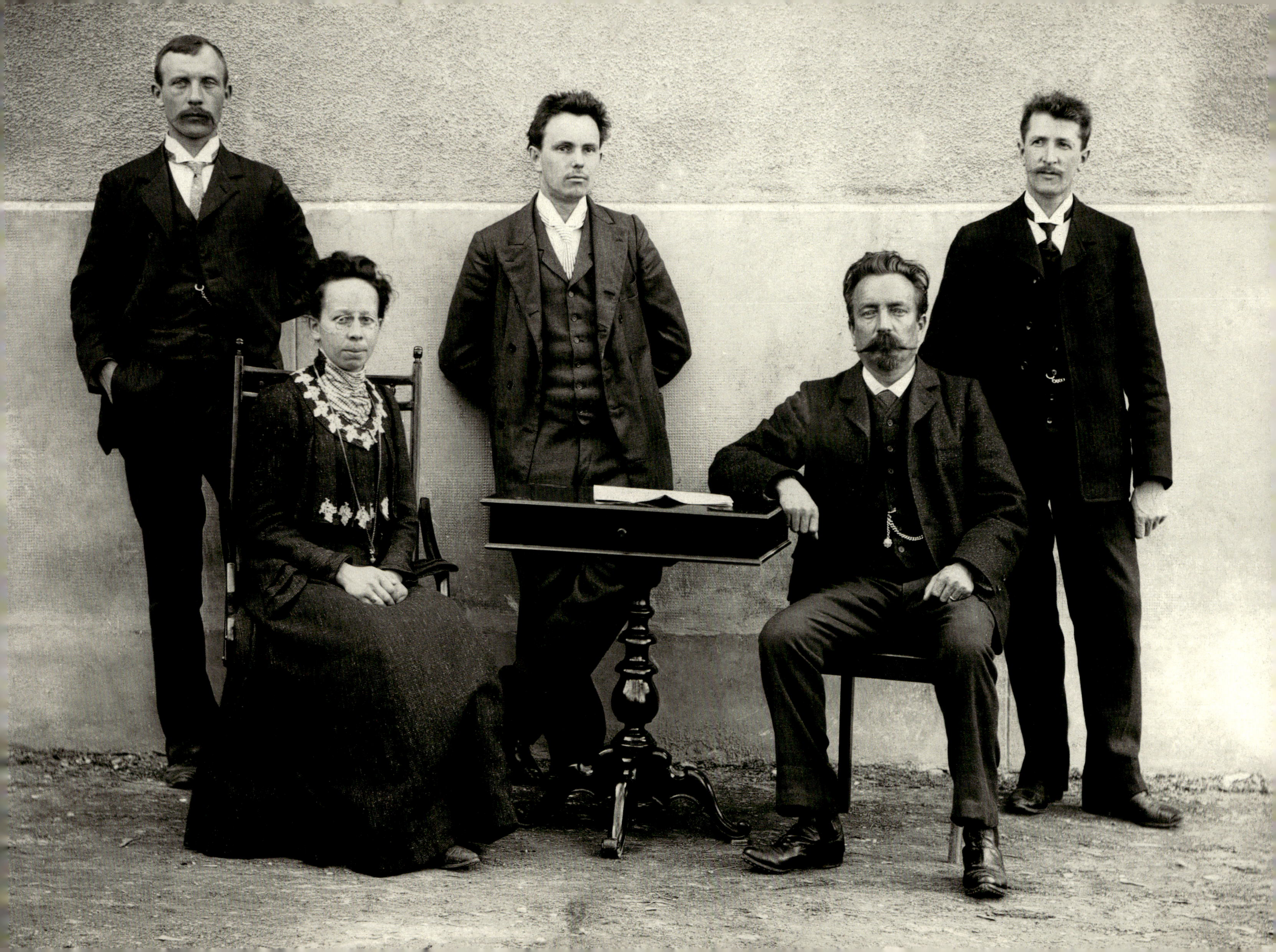

DAS JAHRZEHNT,
IN DEM ARLESHEIM SICH EIFRIG WEITERBILDETE

Am 4. Oktober 1957 gelang es der Sowjetunion, den ersten Satelliten, Sputnik 1, auf eine Erdumlaufbahn zu schicken. Es war die Zeit des Kalten Krieges und die USA fühlten sich bedroht: Wenn die Sowjetunion harmlose Satelliten losschicken konnte, konnte sie wohl auch bewaffnete schicken. Man sprach vom Sputnik-Schock. Im Jahr 1958 bewilligte der Kongress den National Defense Education Act (NDEA), ein auf vier Jahre angelegtes Programm, mit dem mehrere Milliarden Dollar ins amerikanische Bildungssystem gepumpt wurden.

Die Gemeinde Arlesheim erstand in diesen Jahren von der Firma Schappe in der Gerenmatte ein riesiges Stück Land von 31 000 Quadratmetern. Die Gemeinde erhielt das Land zu einem sehr vorteilhaften Preis, unter der Bedingung, dass es nur für gemeindeeigene Häuser und Anlagen genutzt werde.

Auf dem Land war zuerst ein vierteiliger Gebäudekomplex geplant. Drei Elemente wurden realisiert, das Sekundarschulhaus mit acht Schulzimmern, der Spezialtrakt und die doppelstöckige Turnhalle mit Abwartswohnung. Das vierte geplante Element, eine grosse Mehzweckhalle, wurde nicht realisiert.

Realschulhaus, Spezialtrakt und Turnhalle wurden 1961 eröffnet. Am Einweihungsfest trat auf dem Flachdach des Realschulhauses die Clairongarde der Jungwacht unter der Leitung von Franz Dollinger auf, mit weissen Socken und mit grünen Hemden. Unter den Claironisten war auch ein gewisser Peter Koller, der damals 16 Jahre alt war. Das Clairon war sein erstes Instrument, doch die militärische Signaltrompete mit ihrem beschränkten Naturtonarsenal verleidete ihm bald und er wandte sich der Gitarre zu. Auf diesem Instrument konnte er allerdings auch kein Virtuose werden, weil sein linker Zeigefinger sich schlecht für Barrégriffe eignete. Auf der Orgel gelang ihm dann der musikalische Durchbruch doch noch, und nebenbei war er für Dekaden Leiter der Arlesheimer Musikschule (1977 bis 2009), die er so richtig zum Blühen brachte. Die Arlesheimer Lehrerschaft war in diesen Jahren vorwiegend männlich, und auf dem Pausenhof regierte der Abwart Ernst Richli. Er schaute überall zum Rechten im Schulhaus. Einige Jahre später soll er, nachdem er im Primarschulhaus Lärm vernommen hatte, in ein Schulzimmer geeilt sein, um Ordnung zu schaffen. Dem frechsten Mädchen verpasste er ohne zu zögern eine Ohrfeige. Zu seiner grossen Verblüffung gab sich das freche Mädchen als die Lehrerin der lauten Klasse zu erkennen. Aus heutiger Sicht billige ich diese Handlung natürlich nicht, aber damals verstand ich sie, und sie hatte wohl keine schwerwiegenden Konsequenzen: Die Karriere von Herrn Richli hatte in der Schulwelt der stattlichen Herren begonnen, die es gewohnt waren, nötigenfalls auch Körperstrafen einzusetzen. Und über die Jahre hatte sich alles verändert: Junge Lehrerinnen in bunten Kleidern waren plötzlich in der Überzahl, es waren so viele, dass man nicht mehr alle mit Namen kannte, und das Schlagen wurde aus dem pädagogischen Arsenal verbannt.

ARLESER RECHTSCHREIBEREFORM

Im September 1966 wurde dann das Primarschulhaus in der Gerenmatte eröffnet. Heute heisst es konsequent und überall «Gerenmatte» ohne «h». Im September 1966 hiess es konsequent

«EIN UNTERRICHT OHNE GESANG IST WIE EINE WIESE OHNE BLUMEN. SORGE DAFÜR, DASS DEIN UNTERRICHT NICHT EIN LANGWEILIGES VIEHFUTTER, SONDERN HERZERQUICKENDE SOMMERWEIDE IST!» *

Links. Lehrerkollegium ums Jahr 1905 mit Oberlehrer Wilhelm Wittlin (sitzend) und Anna Ranft; Anna Ranft war die erste Primarlehrerin in Arlesheim, sie unterrichtete bis 1942.

«HÄTTEN DIE SCHÜLER SO
VIEL GEREDET WIE DER LEHRER
UND DER LEHRER SO WENIG
WIE DIE SCHÜLER, SO WÄRE DIE
LEKTION MUSTERGÜLTIG
GEWESEN.» *

Oben. Lehrer Oscar Studer mit seiner
Primarklasse 1954.

Unten. Die dritte Sekundar mit Schülerinnen
und Schülern des Jahrgangs 1925.

und überall «Gehrenmatte» mit «h». Die Ermitage hiess früher auch «Eremitage».
Die Schreibweise der Flurnamen wird von der «Nomenklaturkommission Baselland» vorgeschlagen. Der Flurnamenforscher Markus Ramseier ist Mitglied dieses Gremiums und erklärte mir, gemäss einer Weisung des Bundes werde das Dehnungs-h nicht geschrieben (also Gerenmatte). Auf meine Frage, weshalb Er(e)mitage ohne e geschrieben werden solle, gab er mir folgende Antwort: «Fremdwörter liegen natürlich quer in der Namenlandschaft. Eremitage ist folglich ein absoluter Exot. Eine Maxime der Flurnamenschreibung lautet: Schreibe möglichst so, wie die Leute (aus)-sprechen. Da man das stumme e nicht hört, wird es in jüngster Zeit in der Regel ausgestossen... Konsequenterweise müsste man allerdings ganz vermundartlicht schreiben: ‹Ermitaasch›... Das wäre aber wieder zu befremdlich... Kurz, es werden laufend grössere oder kleinere Kompromisse gemacht.»

GERENMATTE I
Anstelle der geplanten Mehrzweckhalle wurde das Primarschulhaus Gerenmatte I gebaut. Es wurde im September 1966 eingeweiht. Am Freitag, 23. September, versammelten sich Lehrer- und Schülerschaft im neuen Schulhof um den von Albert Schilling gestalteten Brunnen. Der Gemeindepräsident Gustav Meier begrüsste die Anwesenden, und der Künstler erklärte sein Werk. Dann sangen die Schulkinder das Brunnenlied von Oscar Studer. Studer führte ein langes Gespräch mit dem Bildhauer über den Brunnen und schrieb in der Heimatkunde: «Als Mittelpunkt der ganzen Anlage schuf der Arlesheimer Bildhauer Albert Schilling 1966 den eigenwilligen Brunnen, der die Aufgabe der Schule trefflich symbolisiert. So haben die jungen Menschen eine bewusste Führung nötig, die durch die strenge, gerade Form des Brunnenstocks dargestellt wird. Gleichzeitig sollen sie sich aber auch frei entfalten können, worauf die drei angeschnittenen Kugeln des Brunnentrogs – perlenden Tropfen gleich – hindeuten.»

«BEGLÜCKENDES ERLEBNIS: DER LEHRER KANN VON HERZEN LACHEN, WOBEI ER DIE GANZE KLASSE MITREISST.» *

«VOR DER SCHULTÜRE GIBT ES KEINE DISKUSSIONEN, DIE AUCH NUR ANNÄHERND SO WICHTIG WÄREN WIE DIE UNTERRICHTLICHE TÄTIGKEIT, DIE MAN ZUR GLEICHEN ZEIT HINTER DER SCHULTÜRE BETREIBEN SOLLTE!»*

Das neue Schulhaus am Domplatz, 1913.

Am Samstag, 24. September 1966, wurden am Vormittag die Ehrengäste durch das neue Schulhaus geführt, um Punkt 12 Uhr war Mittagessen im Restaurant «Ochsen». Um 14 Uhr zogen die Schülerinnen und Schüler in einem Festumzug ins neue Schulhaus: Route Domplatz–Hauptstrasse, Ermitagestrasse–Mattweg–Gerenmattstrasse–Schulhaus. Voraus marschierte der Musikverein unter der Leitung von Hans Merz. Um 14.45 Uhr begann der offizielle und öffentliche Festakt. Unter Fanfarenklängen wurde die Fahne aufgezogen. Der Gemeindepräsident begrüsste, dann sprachen Dr. Leo Lejeune, der basellandschaftliche Erziehungsdirektor, und der Architekt Wilfrid Steib. Am Schluss sang die ganze Festgemeinde das Baselbieterlied. Um 16 Uhr wurde dann in der neuen Aula das Festspiel «Chronovision» aufgeführt, das Oscar Stu-der eigens zu diesem Anlass geschrieben und inszeniert hatte. «Helfen Sie uns, dass während der Aufführung des Festspiels im Schulhaus absolute Ruhe herrscht», steht im Programmheft. Die Basellandschaftliche Zeitung nannte das Stück eine «Heimatkunde in modernem Gewand». Der amerikanische Onkel eines Schülers bringt ein Chronovisionsgerät, eine Art Zeitmaschine, ins Klassenzimmer, mit der man in die Vergangenheit und in die Zukunft sehen kann. Das Gerät zeigt die Rentierjäger auf dem Rittiplatz in der Steinzeit, die Ritter auf Burg Reichenstein im Mittelalter und die Entourage der Balbina von Andlau im 18. Jahrhundert. Über die Zukunft kann die Zeitmaschine nicht viel sagen, nur dass sie hell sein wird, und der Onkel aus Amerika fügt an, dass sie den Schulkindern gehöre. js

* Lehrsprüche aus der Broschüre «444 Gedankensplitter aus der Schulinspektion» von Ernst Grauwiller, Buchdruckerei Lüdin AG, Liestal, ohne Jahresangabe. Ernst Grauwiller war Schulinspektor.

GESCHICHTEN UND ANEKDOTEN RUND UM DIE SCHULE

ENTWICKLUNG DER SCHULEN IN ARLESHEIM VON 1700 BIS 2009

SCHULHAUSBRUNNEN

In der Festschrift zur Eröffnung des Schulhauses Gerenmatte schrieb der Architekt Wilfrid Steib: «Albert Schillings prachtvolle, aus einem Jurakalkquader gehauene Brunnenplastik im Zentrum des Innenhofes, in die Achsen zweier rechtwinklig zusammenlaufender Platanenalleen gesetzt, nimmt das Motiv der Rundungen an Dachterrassen und Innenhallen des neuen Gebäudes auf und erzeugt hier in dynamischer Weise einen lebendigen Mittelpunkt, der die Gebäude in ihrem kubischen Wechselspiel bereichert.» js

DOM NICHT GEFUNDEN

Oscar Studer, seit 1951 langjähriger Lehrer in Arlesheim, erinnert sich an seinen ersten Besuch in Arlesheim: «Meine Jugendzeit habe ich nicht in Arlesheim verbracht, doch bin ich 1935 mit 11 Jahren zum ersten Mal nach Arlesheim gekommen. Unser Geographielehrer am MNG hat uns erzählt, dass sich nicht weit von Basel ein wunderschöner doppeltürmiger Dom befinde. Diesen Dom wollte ich sehen, und so setzte ich mich aufs Velo und fuhr von Basel nach Arlesheim hinaus, um ihn zu suchen. Ich fand ihn aber nicht, und nach dem Weg zu fragen, wagte ich nicht, aus Angst, ausgelacht zu werden. Also fuhr ich unverrichteter Dinge wieder heim.» js

1700	Im 18. Jahrhundert findet der Unterricht unregelmässig und in verschiedenen Stuben im Dorf statt
1760	Der Fürstbischof verfügt, dass der Nachlass des Franz Nicolaus Kohl für das Schulwesen verwendet werden soll
1783	Der Fürstbischof befiehlt den obligatorischen Schulbesuch. Das Schulhaus ist auf der Westseite des Friedhofs (hinter der Trotte)
1821	74 Kinder besuchen in Arlesheim die Schule. Das Schulhaus befindet sich am Dorfplatz (heute Standesamt)
1866	Schulhaus am Domplatz (heute Gemeindeverwaltung)
1879	Bau der Turnhalle am Domplatz
1885	Die langen Bänke verschwinden und es werden Zweierpulte angeschafft
1901	Gründung einer zweiklassigen Sekundarschule
1904	170 Primarschüler und 30 Sekundarschüler in Arlesheim
1914	Einweihung des Domplatzschulhauses
1915	158 Primarschüler, 46 Sekundarschüler
1951	14 Lehrpersonen unterrichten in Arlesheim: 11 Männer und 3 Frauen
1956	326 Primarschüler, 68 Sekundarschüler
1960	Dezember: Bezug des Realschulhauses Gerenmatte
1961	Juni, Einweihung des Realschulhauses Gerenmatte
1966	September, Einweihung des Primarschulhauses Gerenmatte
1966	578 Schülerinnen und Schüler an Arlesheims Schulen (319 Knaben, 259 Mädchen), von 24 Lehrerinnen und Lehrern unterrichtet
1973	Das Schulhaus Gehrenmatte II (damals noch mit h) wurde am Wochenende 23./24. Juni 1973 eingeweiht
2009	900 Schülerinnen und Schüler werden von 113 Lehrpersonen unterrichtet. 83 Lehrpersonen sind weiblich und 30 männlich

DER ÖLFLECK IM DOM

«Gemeinschaftskommunion» nannte man das damals; etwa einmal pro Monat gingen Blauring-Mädchen und Jungwacht-Buben gemeinsam in den sonntäglichen Jugendgottesdienst. In Kluft, wie die blauen Blusen und die grünen Hemden hiessen; in Viererkolonnen und hinter dem jeweiligen Banner marschierten die beiden Jugendorganisationen in den Dom. Zu den vornehmen Aufgaben von Fahnenträgerin und Fahnenträger gehörte es, die Fahne im Chor zu schwenken, hin und her, hin und her. Abschliessend auf und ab. Und bei diesem «Auf» passierte es: Der Fahnenträgerin unterlief ein kleines Malheur, sie traf mit der Fahnenstange das «Ewige Licht», und zwar so, das ein «Gutsch» Öl zu Boden tropfte; der Ölfleck auf der «betroffenen» Steinplatte im Chor ist, wenn mans weiss, noch immer auszumachen. Wir erinnern an die unwichtige Anekdote von Ende der Sechzigerjahre nur deshalb, damit nicht eines Tages ein pfiffiger Dom-Promoter oder sonst ein Tourismus-Manager auf die Idee kommen könnte, von einem «Wunder zu Arlesheim» zu flunkern und zu behaupten, beim sonderbaren Fleck im Chor des Doms handle es sich um die Tränen der Heiligen Odilia. fw

Die Schulanlage Gerenmatte und Albert Schillings Brunnenplastik.

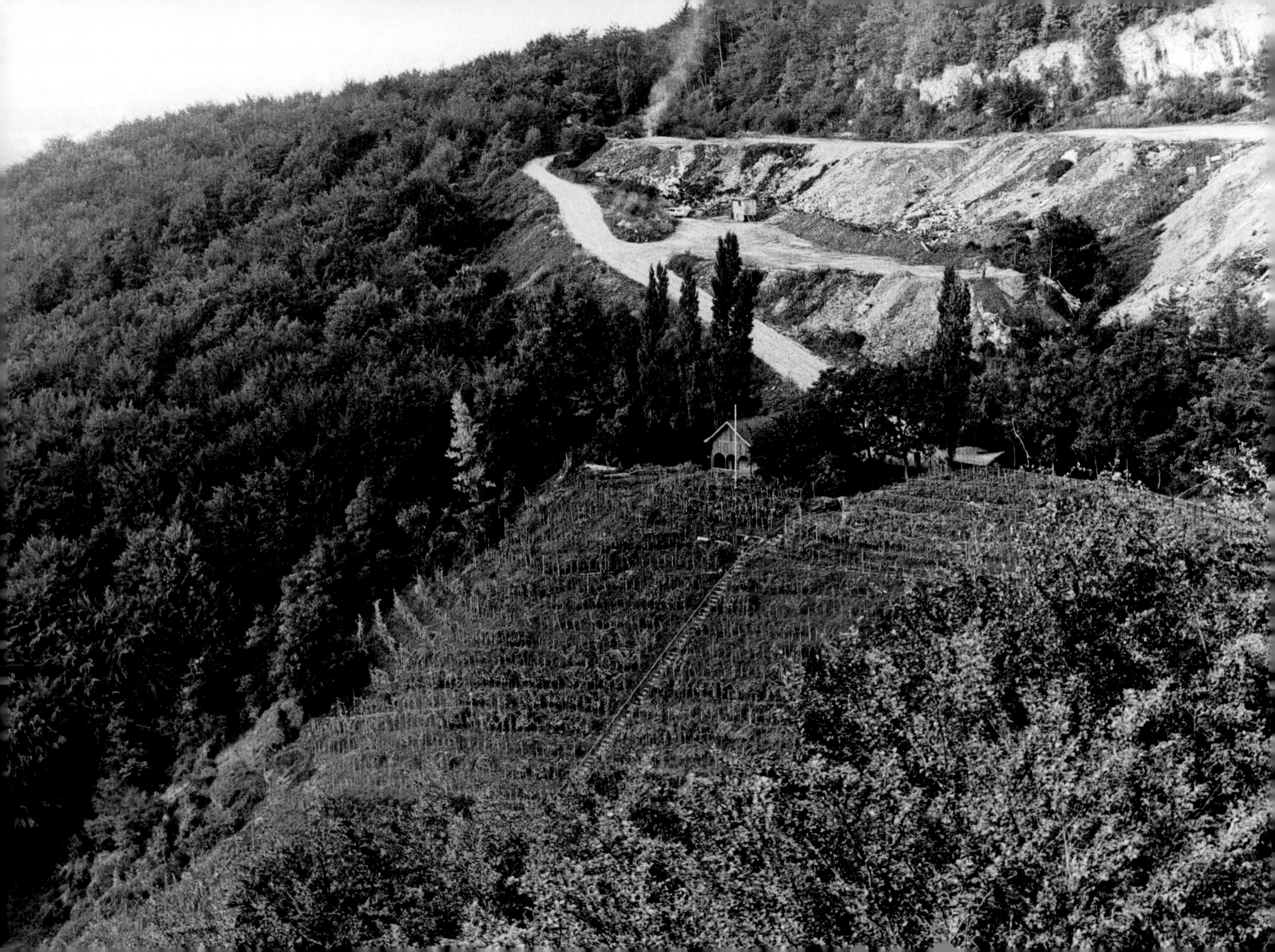

VON DER SCHUTTHALDE ZUM REBBERG

Links. Der ehemalige Steinbruch wurde auch als Schuttabladeplatz verwendet (obere Bildhälfte). Heute liegt dort der Rebberg «Oberer Steinbruch».

Rechts. Adolf Heller und seine Frau Rosa mit Sohn Peter und Erntehelfer Max Frey beim Herbsten. Ein Bild aus dem Jahr 1957.

Es muss eine wüste Wunde gewesen sein, dieser Steinbruch im steilen Hang, aber Begriffe wie Umweltschutz und Landschaftsschutz waren noch nicht erdacht in jener Zeit, als die Menschen nicht mehr in Häusern aus Holz, sondern in Häusern aus gutem Stein wohnen wollten. Für Arlesheim lag der gute Stein relativ nahe; so konnte er hier ausgebrochen und musste nicht aus dem Jura herbeigeschafft werden. In grossem Stile wurde in Arlesheim Stein gebrochen, es wurden nebenan eigens gar eine Werkzeugschmiede und ein Sprengstofflager gebaut, Mineure kamen vorwiegend aus Italien, und unter ihnen soll auch einer gewesen sein, der Jahrzehnte später trübe Weltgeschichte schreiben sollte: der Faschist und Duce Benito Mussolini.

Wo Stein gebrochen wird, entstehen auch immer grosse Abraumhalden, und wer weiss, wie dieser Hügel ob Arlesheim heute aussähe, wenn sich nicht ein gewisser Adolf Heller, geboren 1882, seiner angenommen hätte. Nach Wanderjahren im Ausland war der gelernte Weinbauer 1926 nach Arlesheim zurückgekehrt. Bald begann er sich mit der Idee zu befassen, aus der Schutthalde des Steinbruchs einen Rebberg zu machen. Die Idee liess ihn nicht los, und schon 1929 begann er, sie mit Hilfe seiner Familie umzusetzen. Riesige Mengen von Schutt und Humus mussten bewegt werden, um die richtige Hangneigung und Hangausrichtung hinzubekommen und eine optimale Sonneneinstrahlung zu erreichen. Einen Spinner nannten ihn viele, und sogar das Wetter schien sich gegen ihn zu verschwören; ein heftiges Gewitter zerstörte eines unschönen Tages Teile des Hangs und der Pflanzung. Aber nicht die Energie Adolf Hellers. 1950 begann er den Hang zu terrassieren, was ihm die Arbeit fortan stark erleichterte.

Im Alter von 81 Jahren, im November 1963, teilte Adolf Heller der Gemeinde mit, er sei gewillt, den Rebberg an die Gemeinde zu verkaufen; einen Monat später stimmte die Gemeindeversammlung dem Kauf zu. So kam Arlesheim zu einem weiteren Wahrzeichen. Dieses Wahrzeichen gibt nicht nur regelmässig einen guten Wein her; es bietet, mit seinen Biotopen zuoberst, den Menschen auch die Möglichkeit, sich nah am Alltag in eine andere Welt zu begeben; und es erinnert vor allem an die unglaubliche Energieleistung eines Arleser Einwohners. fw

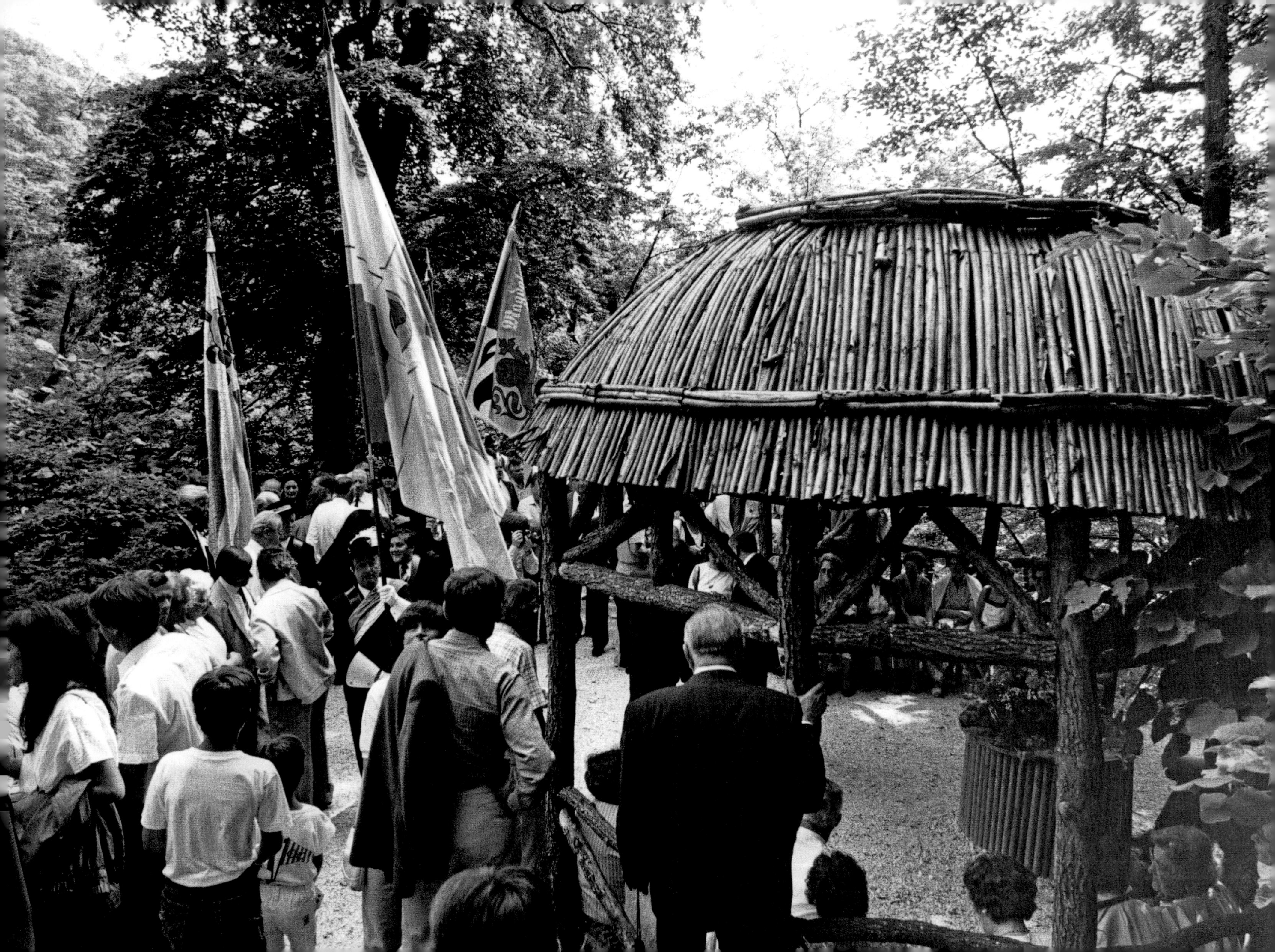

DIE SÄULIZUNFT ARLESHEIM

Auf den ersten Blick will der Name «Säuli-Zunft» nicht so recht zum schmucken Dorf «Arlese» mit seinen Burgen und dem Dom als Rokokojuwel an der «Riviera des Baselbiets» passen. Jahrhunderte zuvor schon liess sich das Basler Domkapitel in Arlesheim nieder, weil das Dorf ein «überaus fruchtbarer, gesunder und lustiger Ort» war und zudem «nur eine Stunde entlegen von Basel». In den Jahren der Hochkonjunktur und allgemeinen Euphorie befürchteten einige einheimische «Urgesteine», das Dorf könnte wegen seiner Nähe zu Basel zur «Schlafstadt» absinken und die dörflichen Traditionen verlieren. So beschlossen 18 wackere Arleser im Nachklang zu einem geselligen und sportlichen Grossereignis, am 1. März 1969, die Säulizunft ins Leben zu rufen. Zu den Gründungsmitgliedern gehörten Gottfried und Max Alispach, Daniel Anex, Alois Bloch, Bruno und Josef Hofmeier, Isaac Iselin, Gustav Leber, Franz Leuthardt, Gottfried und Paul Meury, Werner Scherrer, Peter und Wilhelm Schöb, Otto Stalder, Hans und Walter Vogelsanger und Hans Wirz. Der erste bei der Amtseinsetzung standesgemäss in Purpur und Hermelin gekleidete Zunftmeister war Josef Hofmeier (1969–1981). Ihm folgten Dr. Jean-Pierre Siegfried (1982–2000) und ab 2001 Erich Bader im Amte nach.

Bei Aussenstehenden mag der Name «Säulizunft» zunächst leichte Irritation erwecken. «Was kann man von einem Schwein anderes erwarten, ausser Grunzen? Was hat so ein Säuli mit einer Zunft im ehrenwerten Arlese am Hut?» Solche und ähnliche Fragen werden immer wieder gestellt. Wir antworten darauf mit der Gründungsgeschichte, wie sie der erste Chronist, Hans Wirz, 1969 ins schweinslederne Zunftbuch eingetragen hat: «Man schrieb das Jahr 1968, als der Turnverein Arlesheim am brütend heissen 30. Juni 1968 das 60. Kantonalschwingfest Baselland durchführte. Dr. Willi Schöb, alias ‹Pi›, stiftete für dieses Fest als Spezialgabe ein junges Säuli, einen ‹Springer›, dem er sinnigerweise den Namen Axel gab. Dieses quietschlebendige Säuli sei dem Ranglezten zu überlassen, welcher sich aber ausserstande erklärte, das Borstenvieh mitzunehmen. Als Retter in der Not sprang OK-Präsident Josef Hofmeier in die Bresche und kaufte dem Gewinner das Säuli ab. Nachdem es am Futtertrog im Weidenhof zur Sau herangewachsen war, erfolgte das Festmahl am 1. März 1969 im Gasthof ‹Rössli› in Arlesheim, an welchem auch der Vorstand des Kantonalen Schwingerverbandes teilnahm. Nachdem männiglich von Speis und Trank am Rande des Fassbaren angelangt war, startete der unberechenbare Mathematiker ‹Pi› die nächste Überraschung, indem er dem Gastgeber für das nächstjährige Schlachtfest erneut einen Springer stiftete und zur Absicherung der Tradition die Gründung der Säulizunft vornahm.» Soweit die Gründungsgeschichte der Zunft.

DIE AKTIVITÄTEN

Natürlich ist die Säulizunft kulinarischen und önologischen Genüssen, getreu ihrem Motto «Cochon et Bouchon» (französisch klingt das eleganter als «Schwein und Korken»), nicht abgeneigt. Diesen Schwelgereien frönen wir zumeist im eigenen Zunftlokal im 1. Stock des Gasthofs Ochsen. Dann sehen wir Möchte-gern-Gastronomen die Welt so, wie sie isst.

Aber im Grunde bezweckt die Zunft die Förderung des Guten und Gemeinnützigen sowie die Pflege der Geselligkeit und des alten

Links: Feier beim «Temple Rustique» in der Ermitage; die Säulizunft hat den Temple 1985 wiederaufgebaut.

Brauchtums in unserem Dorf. 1981 legten wir im Rahmen der Festlichkeiten zum 300-jährigen Bestehen des Doms den Grundstein zu einem neuen Brauch: Zur Silvesterfeier auf dem Domplatz. 1985 bauten wir in Fronarbeit den von Vandalen abgefackelten «Temple Rustique» in der Ermitage wieder auf, und später übernahmen wir im Turnus die Betreuung der Waldbruderklause während der Sommermonate, was wir wegen der zahlreichen Begegnungen mit Einheimischen und Fremden immer wieder gerne tun.

An den Dorffesten führen wir seit vielen Jahren erfolgreich eine eigene Beiz. Gelegentlich zaubern wir lokale Spezialitäten aus der Vergangenheit auf den Tisch wie zum Beispiel echte «Säubohnen». Das ist übrigens unser dörflicher Spitzname, der damit schon halbwegs die Herkunft unseres Zunftlogos erklärt.

DIE MITGLIEDSCHAFT

Die Voraussetzung zur Mitgliedschaft sind das Schweizer Bürgerrecht sowie ein mehrjähriger Wohnsitz in Arlesheim mit starkem und aktivem Bezug zum Dorf. Um der Überalterung entgegenzuwirken, sollte der Kandidat nicht älter als 45 sein.

Die ideale Anzahl Zunftmitglieder beträgt 35; grösser wollen wir nicht werden. Man muss also schon «Schwein» haben, um in die Zunft aufgenommen zu werden.

Bei der Bannerweihe vom 24. März 1982, an der die benachbarten Zünfte der Region und solche aus Basel teilnahmen, wurde die kleine ursprüngliche Standarte durch ein prächtiges neues Banner ersetzt und im Dom den Zunftbrüdern feierlich übergeben. Das Motto «Cochon et Bouchon» verkündet auf dem neuen Banner weiterhin seine hohe Bedeutung für die Zunft.

DAS ZUNFTJAHR

Das Glück der Masse heisst Zwang, behauptete mal jemand. Zwingende Anlässe gibt es auch bei uns. Dazu gehören die Jahressatzung Anfang Dezember zur Genehmigung und Behandlung der ordentlichen Geschäfte, die Zunftzeche im Monat März zur

Erinnerung an die Gründung der Zunft, das von Produktionen und Darbietungen umrahmte Säuli-Essen mit Damen im Januar, zu welchem auch Promis aus Wirtschaft und Politik eingeladen sind, sowie der Zunfthock jeweils am ersten Montag des Monats.
Daneben gibt es fakultative Anlässe wie das Fasnachtsfeuer auf dem Steinbruch, der ein- oder mehrtägige Zunftausflug (etwa nach Paris), das alljährliche Ratsherrentreffen der Talzünfte am letzten Samstag im Oktober mit der Zunft zu Wein- und Herbergsleuten Aesch, der Magdalenenzunft Dornach, der Zunft zum Stab Liestal und der Zunft zu Rebmessern Reinach abwechselnd in einer der fünf Gemeinden sowie die Silvesterfeier auf dem Domplatz und der Totengedenktag.

DAS KULTURELLE ENGAGEMENT

Von Anfang Mai bis Mitte Oktober übernehmen wir die Betreuung des Waldbruders in der Ermitage. Er gehörte vor über 200 Jahren mit zu den «Weltstars», denn damals war die Herstellung von lebensgrossen Menschenfiguren, die schreiben, zeichnen oder sogar musizieren konnten, sehr beliebt.
Ein Magnet besonderer Art ist die Silvesterfeier auf dem Domplatz. Jedes Jahr lädt die Säulizunft die Bevölkerung zur Silvesternacht auf den Domplatz ein. Hunderte von brennenden Kerzen auf den Fenstersimsen der Domherrenhäuser werfen ein warmes Licht auf den Domplatz, während im Dom feierliche Orgelmusik ertönt. Beim Glockengeläute nach dem Zwölf-Uhr-Schlag knallen die Korken, und man stösst mit Freunden, Bekannten und Fremden auf ein gutes neues Jahr an.
Einem alten Brauch entsprechend laden am Sonntagabend nach Aschermittwoch und gleichzeitig am Vorabend zum «Morgestraich» der Verkehrsverein und die Säulizunft die Bevölkerung zum Fasnachtsfeuer auf den Steinbruch und zum «Sprängredlischlagen» ein. Klöpfer werden gebraten und glühende Holzscheiben unter dem wachsamen Auge der Feuerwehr mit einem träfen Spruch in die Tiefe des Rebbergs geschickt. Mit einem Fackelzug

Oben. Feierliche Sitz-Verteilung. Zunftmeister Jean-Pierre Siegfried gratuliert Ruedi Jenzer (l.) zur neuen Zunftstube im Ochsen 1985.

Links. Ein Hoch auf die Gemütlichkeit. Zunftbruder Roland Alispach als Grillmeister.

ins Dorf hinunter, begleitet von den schrillen Tönen der Guggemusik «Ermitage-Schränzer», klingt die Arleser Fasnacht aus.

DAS JAHR 1991
Im Jubiläumsjahr zum 700-jährigen Bestehen der Eidgenossenschaft wählten die Arleser das Weindorf Satigny (GE) zu ihrer Partnergemeinde. Seither erfolgen regelmässig Besuche und Gegenbesuche durch stattliche Delegationen aus Vereinen und politischen Organisationen. Ein erster Höhepunkt war das dreitägige Arleser Winzerfest, welches Ende September 1991 stattfand und von der Säulizunft angeregt und von den örtlichen Vereinen mitgetragen wurde. Nach einem farbenprächtigen Umzug mit «Winzerinnen und Winzern», Trachtengruppen, Wagen, Musikkorps, den Zünften aus dem Birseck und aus Liestal, den Behörden aus Satigny und Arlesheim, der legendären «Compagnie des Vieux Grenadiers» aus Genf und der «Union Folklorique» aus Basel wurden zahlreiche bleibende Kontakte zwischen den Romands und den Arlesern geknüpft. Ende Jahr zogen dann rund 300 Arlesheimerinnen und Arlesheimer zu einem Gegenbesuch nach Satigny an die Escalade de Genève. Nach einem reichhaltigen Festprogramm und der spektakulären «Casse de la Marmite» wurden in einer fröhlichen Festnacht die zuvor geschlossenen Beziehungen zwischen den beiden Gemeinden aufs schönste vertieft.

DIE KLINGENDE ZUNFT
Unser Zunftlied erzählt in humorvoller Mundart die Geschichte rund um die Gründung der Zunft; das Lied wurde 2006 uraufgeführt, aber seither kaum mehr gesungen. Woran mag es liegen? Darwin würde sagen, wir hielten es mit den Primaten: Die können auch nicht singen, aber sie versuchen es wenigstens nicht. Daneben gibt es auch ein fünfstrophiges Lied mit dem Titel «S Dorf Arlese», welches die reizvolle Landschaft, die drei Burgen, den Dom und die Bevölkerung beschreibt, aber leider auch nicht gesungen wird, weil es vielleicht zu wortreich oder einfach kein «Ohrwurm» ist. Dafür erfreuen wir uns eines eigenen Zunftmarsches, welcher bei passender Gelegenheit vom Musikverein gespielt wird und unsere Herzen höher schlagen lässt. Sie lebe hoch, die Arleser Säulizunft!

Arlesheim, Herbst 2009
Der Chronist der Säulizunft, Marcel Huber

Links. Für einen guten Zweck. Der Waldbruder dankt für den Obolus.

Rechts. Kontakt mit Zünften anderer Gemeinden. Nach der Bannerweihe mit den Talzünften vor dem Dom 1982.

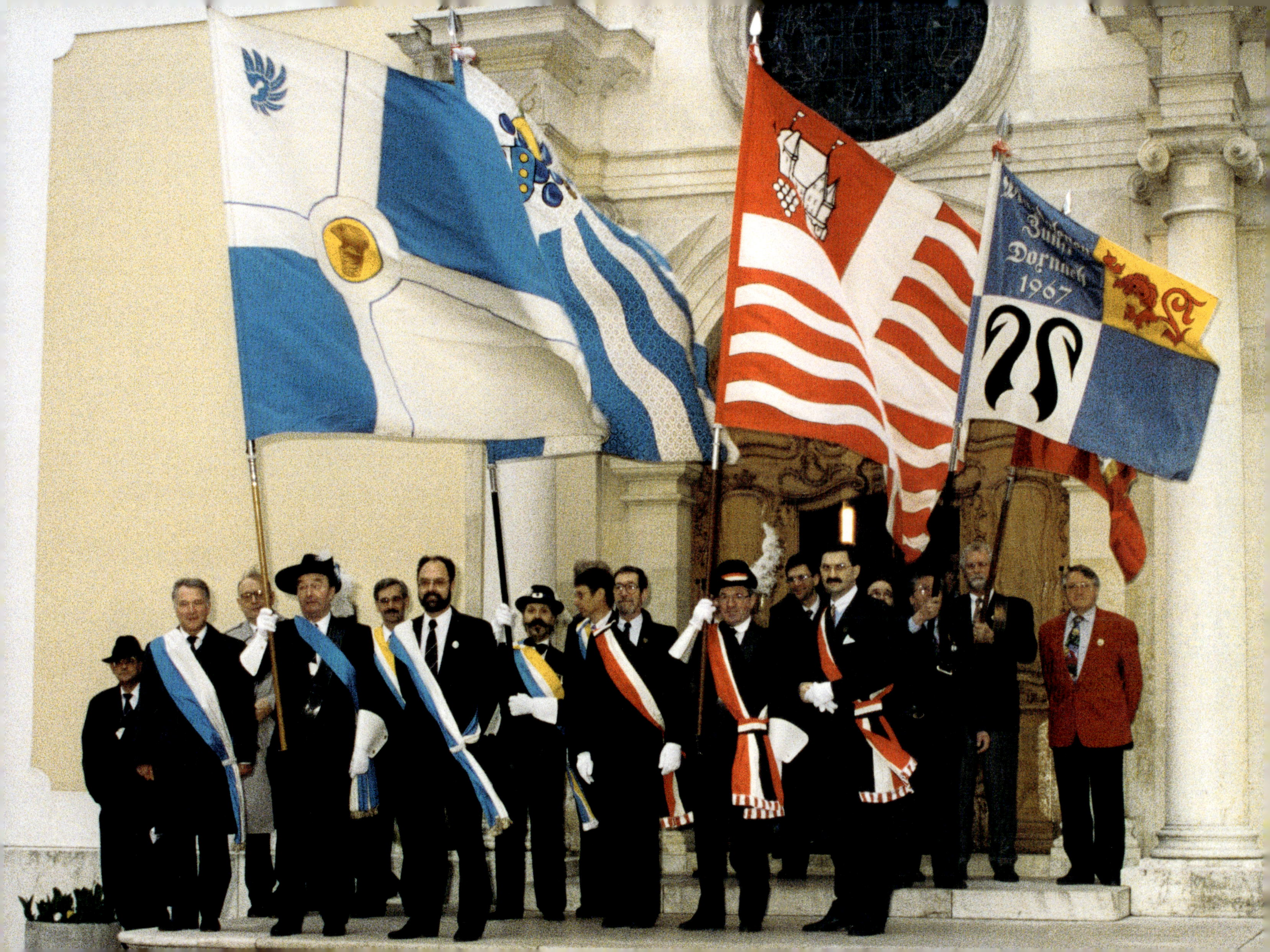
Dornach
1967

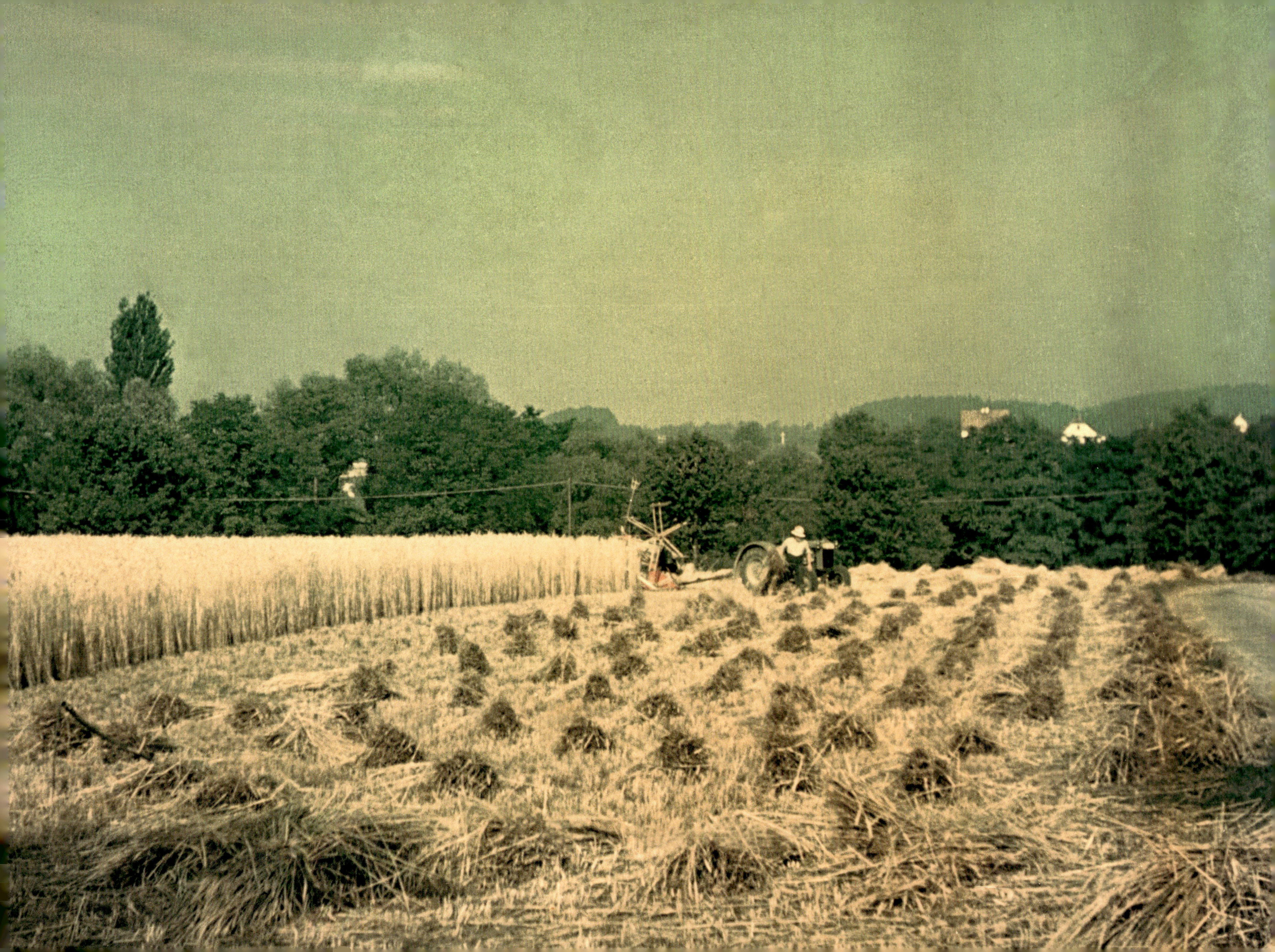

1970–1980

1970 HAT ARLESHEIM RUND 54 PROZENT MEHR EINWOHNER ALS VOR ZEHN JAHREN, NÄMLICH 8038. DIE GEMEINDE STEHT DAMIT VOR GROSSEN HERAUSFORDERUNGEN, ETWA IN BELANGEN DER BILDUNG UND DER ORTSKERNGESTALTUNG.

Links. Kornfeld in der damals noch unbebauten Birsebene. Heute stehen an dieser Stelle mehrere Industrie- und Gewerbebauten.

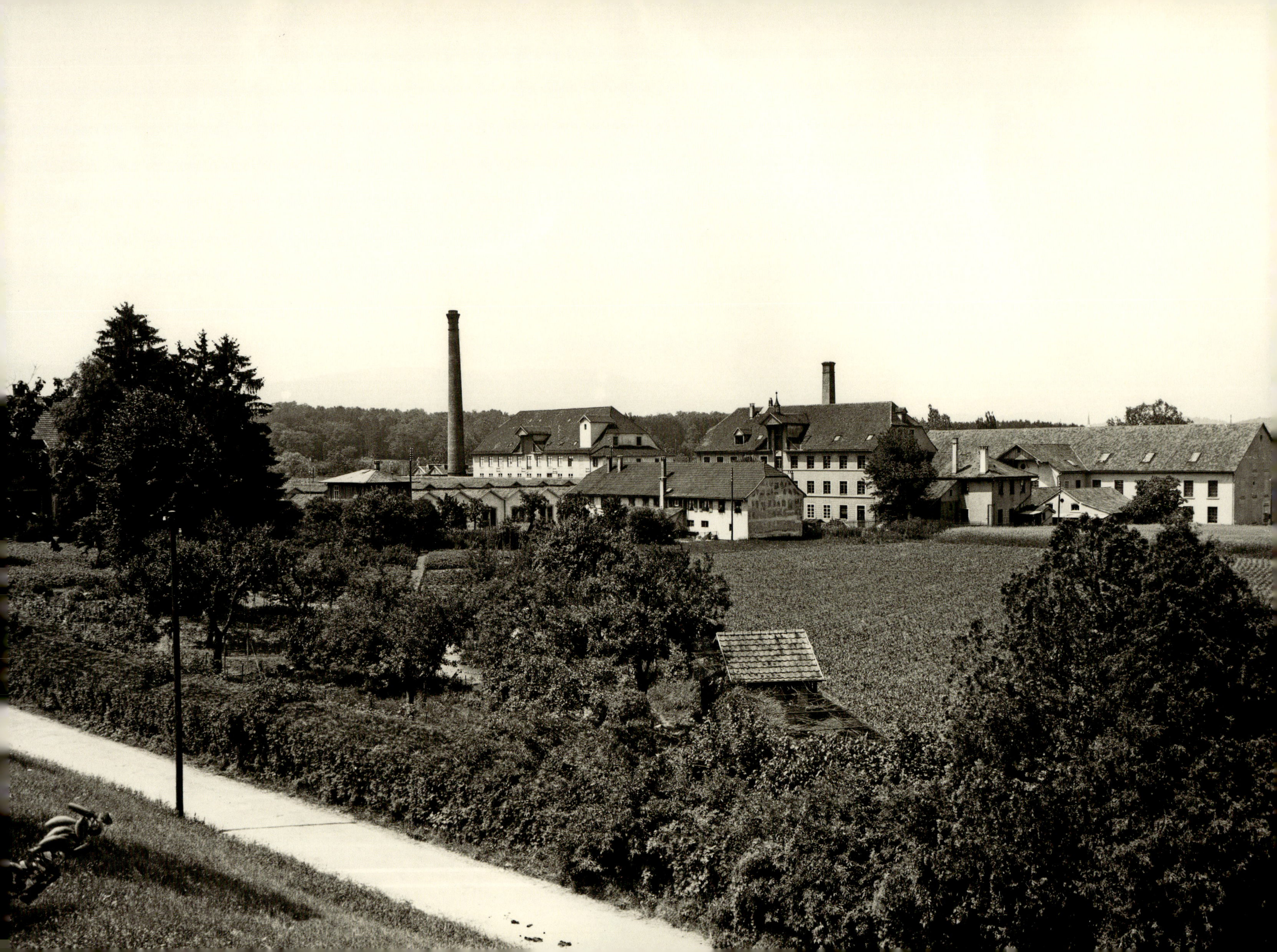

DAS JAHRZEHNT, IN DEM SICH ARLESHEIMS GEWERBE WEHRTE

Es muss Ende der Siebzigerjahre gewesen sein, als die zwei grossen Karteikästen, in die man Dossiers im A4-Format quer legen konnte, in den Besitz eines sammelwütigen jungen Geschichtsstudenten kamen. Sie stammten aus der Administration der Burlington Schappe AG, die 1977 den Betrieb stilllegte. Einer dieser Karteikästen blieb der Schappe seither treu: in ihm sammelten sich mit den Jahren verschiedenste Dokumente, die mit der Geschichte der Schappe in Arlesheim zusammenhängen.

Und diese Geschichte ist nicht nur diejenige des Aufstiegs und Niedergangs eines bedeutsamen Textilindustriezweigs. In den Entwicklungen und Verwicklungen der Schappe lässt sich immer wieder exemplarisch – und oft der Zeit voraus – der Wandel der ganzen Gesellschaft ablesen. Das beginnt mit der Errichtung der Fabrik durch J. S. Alioth im Jahr 1830. Seine erste Werkstätte, 1824 an der Hammerstrasse in Basel gebaut, war noch von einem Göpelwerk mit Pferdekraft angetrieben worden. Mit dem Bau der mit Wasserkraft aus der Birs versorgten Florettseidenspinnerei in Arlesheim gelangte nicht nur die erste Fabrik in die Basler Landschaft, sondern mit ihr auch gleich die industrielle Revolution.

Die Akten im Karteikasten geben nicht über alle Phasen der Geschichte der Schappe in Arlesheim gleich viel Auskunft. Sie dokumentieren den stetigen Ausbau der Fabrikanlagen wie auch von Arbeiterhäusern in der näheren und weiteren Umgebung. Sie dokumentiert vor allem aber den Aufsehen erregenden Streik, den etwa 400 Arbeiterinnen im Frühsommer 1945 durchführten, um anständige Löhne zu erhalten und damit die Direktion bereit war, mit den Gewerkschaften einen Gesamtarbeitsvertrag abzuschliessen. Es handelte sich um den ersten grossen Streik nach dem Ende des Zweiten Weltkriegs in der Schweiz, in welchem beispielhaft zutage trat, dass sich in der Nachkriegsgesellschaft in der Schweiz die Arbeitnehmer und die Arbeitgeber als Sozialpartner gegenüberstanden und ein patriarchalischer «Herr-im-Haus-Standpunkt» der Vergangenheit angehörte. Eine grosse Solidaritätswelle begleitete damals diesen Streik. Vor allem in Arlesheim warf er aber hohe Wellen. Zum Beispiel bei den Schulpflegewahlen 1945, als der Gewerkschaftssekretär Hans Röthlisberger den Fabrikdirektor Alioth aus der Schulpflege verdrängte.

DAS INTERESSE DER MIGROS

Die Resonanz auf die Schliessung der Schappe in den Siebzigerjahren fiel eher gering aus. Es war auch eine Schliessung in Raten, absehbar angesichts des Niedergangs der Textilindustrie in der Schweiz. Ein umfangreicheres Dossier enthält der Schappe-Karteikasten aber über die Folgenutzung des 90 000 m² grossen Schappe-Areals. Denn um diese Nutzung entspann sich ab Ende der Siebzigerjahre eine Auseinandersetzung, bei der die Wogen hoch gingen und deren Ausgang für die Gestaltung von Arlesheim von grösster Bedeutung gewesen ist.

Auch diese Auseinandersetzung war symptomatisch für den Wandel der Industriegesellschaft zur Dienstleistungsgesellschaft, die sich immer mehr abzeichnete. Denn das Schappe-Areal, das mit der Realisierung der T18 in die Nähe von zwei Autobahnausfahrten zu liegen kam, zog einen potenten neuen Investor an: Die Genossenschaft Migros Basel kaufte das Gelände und plante die

Links. Die Schappe ist die erste Fabrik im Baselbiet. Mit ihr kam die Industrialisierung in den Kanton. Ein Bild aus dem Jahr 1918.

Der Verpackungsraum der Schappe.
Ein Bild von Anfang der 50er-Jahre.

Schappe mit erweiterten
Produktionsanlagen, 1957.

Erstellung eines «Einkaufszentrums in massvollen Dimensionen», wie sie in einem Flugblatt im Zeitungsformat festhielt. Auch das Birstal sollte nach Ansicht der Migros ein Shopping-Center erhalten, wie sie in den vorangegangenen Jahren in Glatt, Spreitenbach, und im Shoppyland Schönbühl entstanden waren. Aus einem Industrieareal sollte ein Dienstleistungszentrum werden.

Das «mittelgrosse» Shopping-Center – auch Birs-Center genannt – sollte immerhin 12 850 m^2 ausmachen. Das passte insbesondere dem Arlesheimer Gewerbe nicht in den Kram. Man erkannte aber, dass es nicht bloss darum ging, den Umsatz im Dorf zu halten. Vielmehr bestand die Gefahr, dass durch das Aufkommen von peripheren Shopping-Zentren die Dörfer als Lebenszentren ihre Bedeutung verlieren würden. Um auf diese Gefahr aufmerksam zu machen, entstand ein «überparteiliches regionales Komitee für lebendige Ortskerne». Dieses warb in Leserbriefen, Versammlungen und Flugblättern um Unterstützung und veranstaltete gar eine Umfrage in den Gemeinden des Birseck. Bei einer Rücklaufquote von 2,6% fiel die Meinung eindeutig aus: Mehr als 90% der Antwortenden beurteilten das geplante Einkaufscenter als «negativ» oder «sehr negativ», was die Basler Zeitung dazu brachte, «dieser manipulierten Meinungsbefragung keine grosse Bedeutung» beizumessen (BaZ, 27.8.1979).

Um dem Volk ein Mitbestimmungsrecht zu geben, beantragte der Gemeinderat eine Änderung des Zonenreglements. Die Neuerung sah vor, dass Verkaufseinheiten mit mehr als 1000 m² einen Quartierplan erfordern. Zudem sollten in Gewerbezonen grosse Einkaufszentren mit umfangreichem Kundenverkehr generell verboten werden. Der Gemeinderat argumentierte, dass ein Einkaufszentrum der geplanten Grösse «mit grosser Wahrscheinlichkeit nicht nur zu einem erheblichen Verlust der Kunden der in Arlesheim und Nachbargemeinden bestehenden Geschäfte» führen würde. Zu rechnen sei auch mit dem «Verlust des Ortszentrums als Begegnungsstätte» (Einladung zur Gemeindeversammlung vom 28.4.1980).

Für die Gemeindeversammlung wurde mächtig mobilisiert. Im Wochenblatt hielt Ruedi Jenzer als Präsident des Gewerbevereins fest: «Wir Gewerbetreibenden sind überzeugt, dass mit einem Birs-Center vor allem auch die letzte Hoffnung für Quartierläden genommen wird.» (Wochenblatt, 25. 4.1980). Die Migros rief in ei-

Links. Inserat zur hart umkämpften Abstimmung zur Zonenordnung.

Rechts. Der erste Dorfmarkt von Arlesheim, 1980. Im Hintergrund der Einkaufsbus des Gewerbes.

Kaum ein Durchkommen: Vor der Umgestaltung ist der Dorfplatz mit Blech verstellt. Ein Bild aus dem Jahr 1975.

nem Flugblatt und in einem Schreiben an alle Genossenschaftsmitglieder in Arlesheim zum Besuch der Gemeindeversammlung auf. Am 28. April 1980 fand dann an der von 700 Stimmbürgern und Stimmbürgerinnen besuchten Gemeindeversammlung der Antrag des Gemeinderates mit 540 Ja gegen 162 Nein eine klare Zustimmung. Nachdem das Referendum gegen diesen Beschluss ergriffen worden war, wurde er in der Urnenabstimmung vom 28. September 1980 bestätigt, allerdings mit einem knapperen Ergebnis. Doch die Migros gab sich mit dem Volksverdikt noch nicht geschlagen, denn sie sah sich in der Ausübung der Gewerbe- und Handelsfreiheit beeinträchtigt. Aber weder eine Einsprache beim Regierungsrat noch der Gang vor Bundesgericht stützten diese Ansicht.

NEUES LEBEN IN DER SCHAPPE – UND IM DORF

Mit dem Bundesgerichtsentscheid vom 12. Dezember 1984 war rechtlich die Lage klar. Noch nicht klar war aber, was auf dem Schappe-Areal passieren sollte. Ideen gab es freilich. So hatte sich zur Wiederbelebung der Schappe Arlesheim die «Aktion Leben ins Schappe-Areal (ALIS)» gebildet. Dieser Verein forderte insbesondere die Schaffung von Freiräumen für kulturelle Betätigung und von Wohnmöglichkeiten, Handwerksbetrieben, Werkstätten und Ateliers. An Ideen mangelte es nicht, etwa für eine Fischzucht im Kanal, für die Ansiedlung der Freien Volksschule, für den Betrieb einer Gärtnerei mit Tierhaltung, für ein Industriemuseum und für einen «Wagenplatz für Sesshafte und Fahrende». Woran es mangelte, das war das Geld, das es dafür gebraucht hätte. So dauerte es schliesslich bis Ende der Neunzigerjahre, bis mit einer wegweisenden Wohnüberbauung neues Leben ins Schappe-Areal kam.

Was die Entwicklung im Dorf selber betraf, so ging es ebenfalls bis in die späten Neunzigerjahre, bis die Visionen aus der Zeit des Kampfes gegen das Birs-Center umgesetzt waren. Im Herbst 1979 hatten die CVP und die SP gemeinsam das Leitbild «Unser Arlese söll e heimelig Dorf blybe!» entworfen. (Wochenblatt 7.9.1979) Und dieses sah vor, anstelle des Shopping-Centers im Schappe-Areal im Dorf selber, auf dem Areal des Tramdepots, ein Einkaufs- und Begegnungszentrum zu schaffen. Gut Ding will Weile haben. rb

DIE THEATER-BRÜDER

«Meine Buchhaltung macht das Betreibungsamt», soll einer der beiden gesagt haben. Vielleicht stimmts, und wenn nicht, dann ists zumindest gut erfunden. Die beiden Theaterleute Vincent (1930–2007) und Eynar Grabowsky (1931–1995) jedenfalls hatten einerseits viel Energie und Fantasie, wenns ums Gründen von Theatern ging; dazu gehörte auch die Scala Theater AG am Schorenweg in Arlesheim. Anderseits waren die beiden Brüder in finanziellen Belangen weder die sorgfältigsten noch die erfolgreichsten. «Sie machten Schulden, die niemanden hätten schlafen lassen», schrieb der Basler Autor und Feuilleton-Redaktor Reinhardt Stumm. Unter den Betten der Grabowskys sollen Schuhschachteln gestanden haben – in der einen die Einnahmen, in der andern, abgezählt von Tag zu Tag, das Geld für die Ausgaben. Eine der bekanntesten «Grabo»-Produktionen war das Musical «Cats». «Als die Musical-Produktion ‹Cats› in Zürich in einem Desaster endete, nahm sich Eynar Grabowsky (am 15. Dezember 1995) das Leben», ist auf der Website ZDFtheaterkanal nachzulesen. Eynars Bruder Vincent starb am 15. August 2007 in Arlesheim. fw

Umtriebige Theaterleute: Vincent (links) und Eynar Grabowsky.

DER PAPPELSTREIT

In der Einmündung des Langackerweges in den Stollenrain standen bis in die Siebzigerjahre zwei grosse Pappeln, die das Strassenbild prägten. Leider war ihr Gesundheitszustand schlecht, sie verloren Äste, was vor allem für die Fussgänger nicht ungefährlich war. Zudem standen sie verkehrstechnisch ungünstig. Deshalb beschloss der Gemeinderat, die Bäume fällen zu lassen und an besserer Lage zwei junge Pappeln zu pflanzen. Dagegen wehrten sich die Anwohner vehement, sogar von der Kanzel aus wurde protestiert. Die Gegner der Fällaktion liessen ein Gutachten erstellen. Der Experte stellte fest, dass die Pappeln gesund sind. Der Gemeinderat zweifelte an der Expertise und zog seinerseits einen Experten bei. Wie zu erwarten, ergab die Gegenexpertise, dass die Bäume krank sind. Trotzdem gab der Gemeinderat dem Druck nach und liess die Pappeln behandeln. Später stellte man fest, dass das geflügelte Wort «Zwei Experten, zwei Meinungen» eine Steigerung erfuhr. Beide Parteien hatten nämlich denselben Experten beigezogen. Also: Ein Experte, zwei Meinungen! Später mussten die beidem Pappeln trotzdem gefällt werden. Der ursprünglich geplante Ersatz blieb jedoch aus. ps

DAS RINDVIEH IN DER BANK

GEORG LANGENBACH – DIE TRÄMLERLEGENDE

Wie üblich war der Viehtransporter zur Metzgerei in der Dorfgasse vorgefahren; wie üblich hätten die Tiere abgeladen und zunächst vor dem Haus angebunden werden sollen. Einmal, 1974 wars, geschah es, dass sich ein Rind beim Abladen vom Viehhändler losriss und abhaute; quer über den Dorfplatz und genau Richtung Kantonalbank an der Hauptstrasse. Durch den Türautomaten flüchtete es direkt in die Schalterhalle der Bank. Verstört rannte es da hin und her. Mindestens so verstört waren die Kassierinnen hinter der Theke, doch sie fühlten sich vor dem «Viech» in Sicherheit. Da irrten sich die Frauen aber gründlich. Denn das Rind sah sich im Spiegelbild und wollte zum vermeintlichen Artgenossen flüchten; es setzte zum Sprung über den Bankschalter an, erreichte aber die andere Seite nicht, sondern drückte nur das schusssichere Glas aus den Fugen. In seiner Nervosität ging es dem armen Tier wie den Menschen in ähnlichen Situationen – die ganze Halle und der Vorhang waren voller «Kuhpflätter».

Das Dorfgespräch und böse Zungen behaupteten danach, der Metzger habe das Rind absichtlich auf die Bank losgelassen, weil ihm die Bank nicht genügend Baukredit geben wollte. fw

Eine gewichtige Person war Georg Langenbach: Einerseits wegen seiner Körperfülle, andererseits wegen seiner Tätigkeit als Trämler bei der BEB, der Birseckbahn. Er lebte von 1911 bis 1973.

Georg Langenbach war nicht von Anfang an Billeteur. Er lernte Coiffeur, hatte zuerst einen eigenen Betrieb in Basel und kam dann als willkommene Hilfe in den Coiffeursalon seines Bruders Karl nach Arlesheim. Das Geschäft wurde von Langenbachs Nachfahren weitergeführt.

Als nach dem Krieg die Soldatenkundschaft ausblieb und die Arbeit knapp wurde, suchte Georg Langenbach eine neue Tätigkeit und wurde Anfang 1947 Trämler. Diese Funktion war ihm auf den Leib geschrieben. Gewissenhaft und sorgfältig versah er diesen Dienst, der zu dieser Zeit eine komplexe Aufgabe war. Es galt, den Fahrbetrieb im Auge zu behalten und zu dirigieren, mit schrillem Pfiff die Abfahrt anzukündigen und während der Fahrt die Abonnemente zu kontrollieren und Billette zu verkaufen. Das laute Klicken der kleinen, mit dem Finger bedienten Schieber, mit denen man beim umgehängten Münzbehälter die einzelnen Geldstücke herauslassen konnte, war ein vertrautes Nebengeräusch im Trämli! Auch als versierter Ausbilder wurde Georg Langenbach viel und gerne eingesetzt. Bekannt und berühmt war Trämler Langenbach auch wegen seines beschwingten Aufspringens auf das unterste Trittbrett des letzten Wagens des abfahrenden Trams. Aber Georg Langenbach war noch mehr. Er fühlte sich auch verantwortlich und zuständig für das Wohlverhalten der jüngeren Passagiere. Er wies diese unzimperlich zurecht, wenn sie sich nicht nach seiner Auffassung von Anstand und Sitte verhielten. So äusserte sich erst kürzlich ein Bekannter gegenüber Martin, dem Sohn von Georg Langenbach, er habe einmal vom Vater eine schallende Ohrfeige eingefangen, als er sich einer Dame gegenüber unflätig benommen habe. Und – so bekannte der so Gemassregelte – er habe sich diese erzieherische Schnellmassnahme von Herrn Langenbach durchaus zu Recht eingehandelt. fh

SCHÖNE BESCHERUNG

Eines Tages Mitte der Siebzigerjahre rief eine erboste Dame auf der Bauverwaltung an. Sie habe von Nachbarn erfahren, dass die Tanne bei ihrem Mehrfamilienhaus an der Baselstrasse durch die Gemeinde gefällt wurde und nun auf dem Postplatz als Weihnachtsbaum stehe. Sie konnte dies nicht glauben, musste aber feststellen, dass es stimmte. Auf der Verwaltung wusste niemand etwas in der Angelegenheit, ausser dass der Strassenmeister den Auftrag hatte, jedes Jahr für die Weihnachtsbäume auf den öffentlichen Plätzen besorgt zu sein. In diesem Falle wurde er vom Hauswart angefragt, ob die Gemeinde am Baum interessiert sei – ohne das Wissen der Eigentümerin. Der Hauswart war zwar mehrfach bei ihr vorstellig geworden, weil die Tanne Nadeln verliere und den Dachkännel verstopfe. Der Hauswart hat sein Problem auf diese nicht alltägliche Weise gelöst. Die Arleser konnten so einen wunderschönen Weihnachtsbaum bestaunen. ps

Im Jahr 1957 war die Birsebene noch weitgehend leer. Rechts ein Kessel des Gaswerks, links die Jeka AG, das erste Industriegebäude.

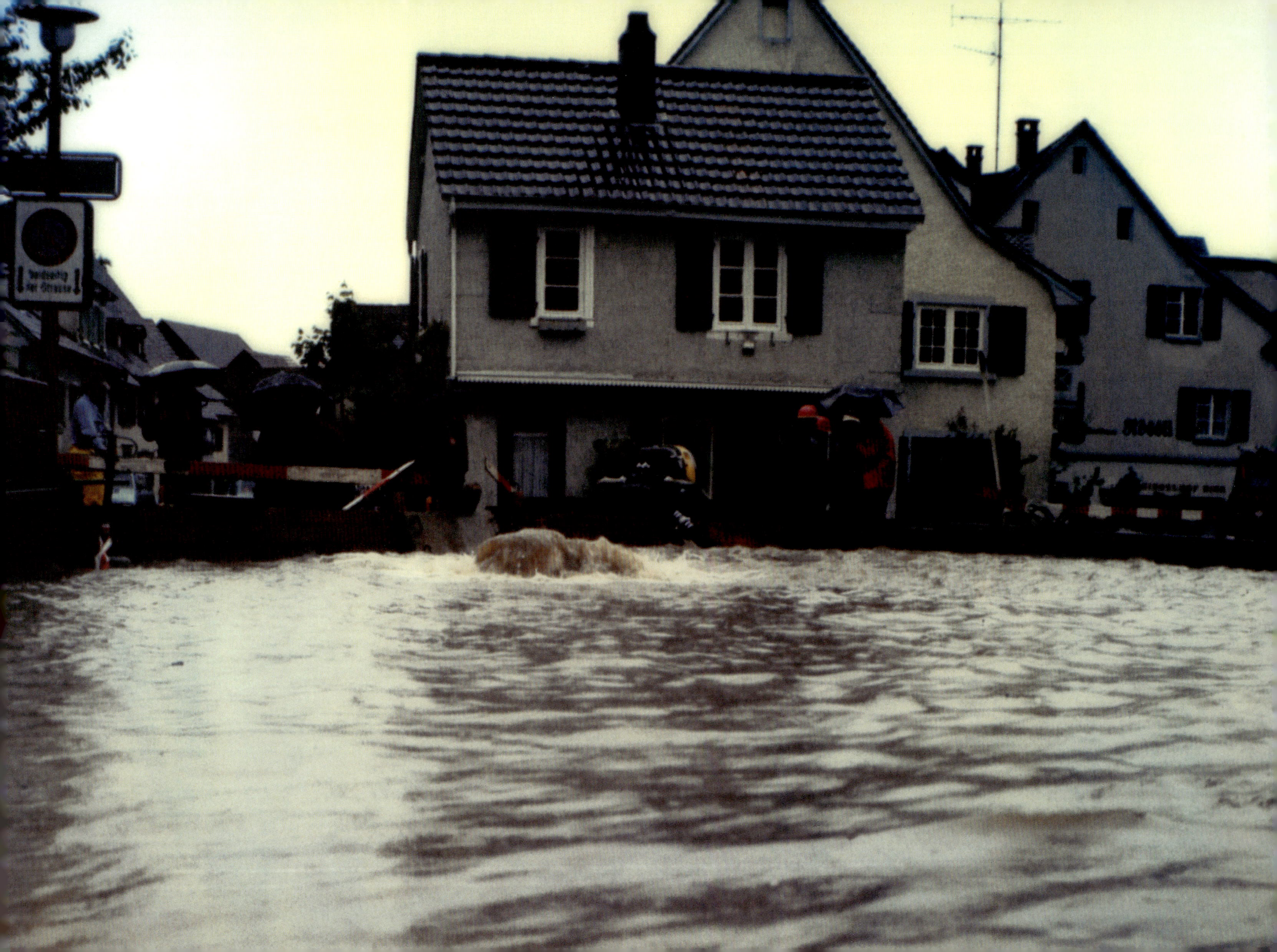

1980 – 1990

IM JAHR 1980 ERKLÄREN SICH VON 8224 ARLESERN BEREITS 1121 ALS KONFESSIONSLOS ODER ALS EINER ANDERN ALS DER KATHOLISCHEN ODER REFORMIERTEN KONFESSION ZUGEHÖRIG. 19,1 PROZENT VON ARLESHEIMS EINWOHNERN SIND AUSLÄNDER, 560 SPRECHEN ITALIENISCH.

Links. Ein Hauch von Venedig Ende der 70er-Jahre. Nach heftigen Regenfällen konnte der unterirdische Dorfbach das Wasser nicht mehr aufnehmen. Nach einem Rückstau beim Bachrechen ergoss es sich in die Ermitagestrasse; die Dorfgasse (links) wurde abgedämmt.

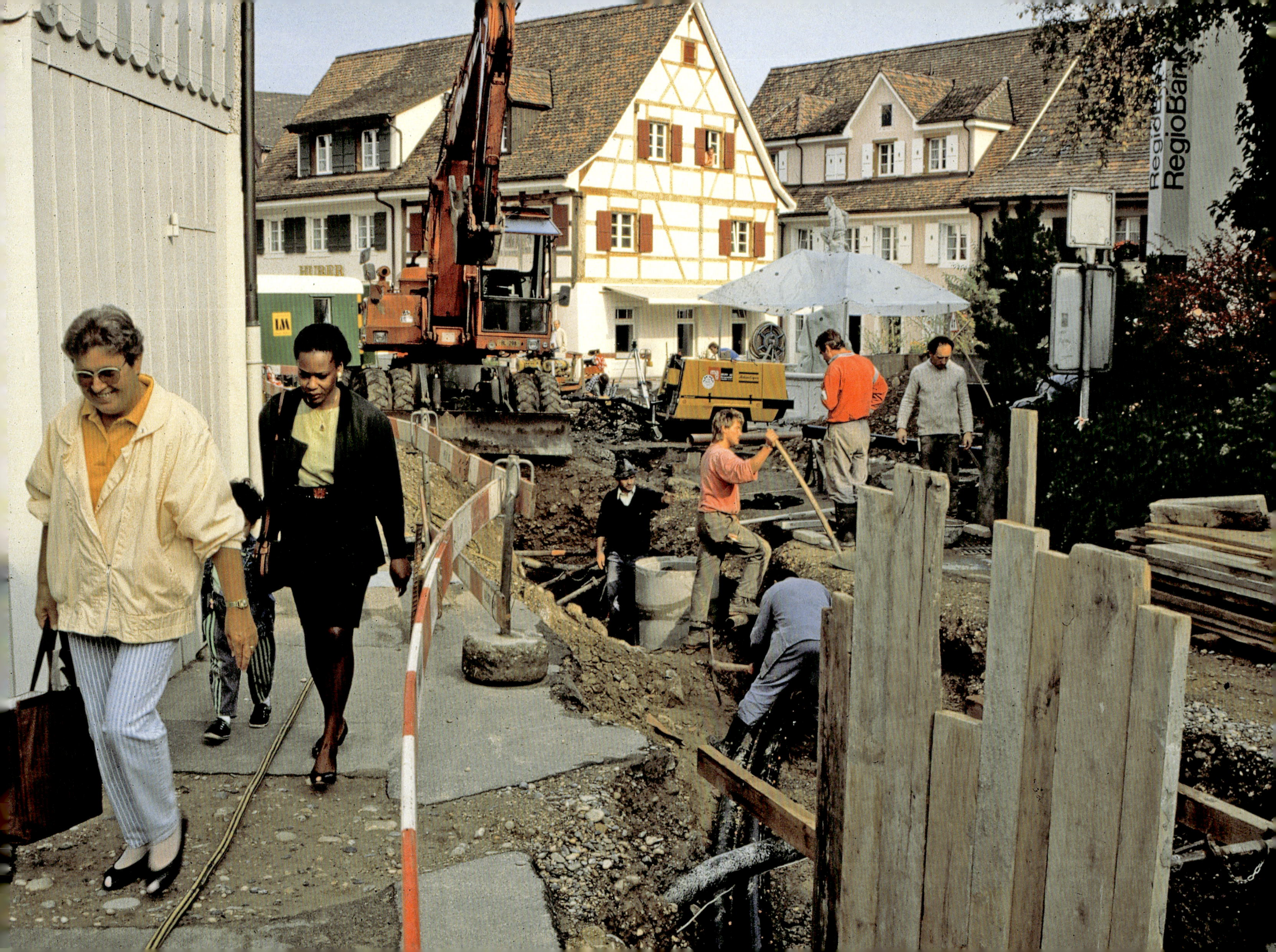
RegioBank
HUBER

DAS JAHRZEHNT, IN DEM ARLESHEIM SEINEN DORFKERN ZUM ZWEITEN MAL RETTETE

Statistisches zuerst: 1980 lebten 8224 Personen in Arlesheim. Gegenüber 1970 war das eine Zunahme von nur 2,3%. Von 1960 bis 1970 betrug demgegenüber das Plus satte 54,0%, ein Anstieg von 5219 auf 8038 Personen, der nicht zuletzt auf den Zustrom der italienischen Gastarbeiter zurückzuführen war.

Zum Start ins neue Jahrzehnt machte Arlesheim der Stadt Basel Konkurrenz. Denn das Wochenblatt erhob Anfang 1980 mit der Eröffnung einer Bankverein-Filiale Arlesheim keck zum «Banggäblatz».

Das Dorf war aber wegen einer anderen Sache in Aufruhr: Auf dem Schappe-Areal sollte das Einkaufszentrum «Schappe-Center» entstehen. Initiantin: die Migros. Ihr Hauptargument lautete: Einkaufen abseits des Dorfkerns! Am 9. Mai 1980 aber war «Frühlingserwachen» an der Arleser Gmeini: 700 Einwohnerinnen und Einwohner stimmten über das Schappe-Center ab, es wurde haushoch abgelehnt. Ein Komitee ergriff gegen diesen Beschluss das Referendum; eine Leserbriefflut und eine Inserateschlacht waren die Folge. Die Abstimmung am 27./28. September bodigte das Vorhaben aber endgültig.

Und wie um die Dringlichkeit der Einkaufsmöglichkeiten innerhalb des Dorfzentrums zu manifestieren, schloss im gleichen Jahr die letzte Bäckerei im Dorf: Kurt Weidmann (Krauter-Bäckerei) gab auf. In Sachen dörfliches Erscheinungsbild passierte Wichtiges. 1981 wurde das Domherrenhaus Nr. 10 und 12, 1682/83 als Doppelhaus erbaut, unter Denkmalschutz gestellt; damit standen mit dem Domhof alle Domherrenhäuser samt dem Dom unter Denkmalschutz. Am 24. April 1981 befürchtete der Wochenblatt-Kolumnist «Dr Bachrächemigger» die Schliessung der Wirtschaft Domstübli – was dann glücklicherweise nicht eintrat. Und nur wenig später, im Mai, feierte man nach einem Umbau die Wiedereröffnung des Ochsens. Der Gemeindepräsident Gustav Erbacher hielt dazu fest: «Der alte Ochsengeist lebt wieder auf. Die über 150-jährige Geschichte ist auch ein Stück Dorfgeschichte.» Als «grossen Brocken» für das Jahr 1987 kündigte die «Budgetgmeini» vom 10. Dezember 1986 die Dorfplatz-Sanierung an. Die Gemeindeversammlung vom 23. November 1987 befürwortete die Neugestaltung resp. die Pflästerung des Dorfplatzes. Die vorangehende Diskussion, ob der Dorfplatz als reine Fussgängerzone, also autofrei, zu gestalten sei oder eben nicht, gab rote Köpfe. Das Referendumskomitee «autofrei» setzte sich nicht durch. Die feierliche Dorfplatz-Einweihung als «Ort der Begegnung» fand am 29. September 1990 statt. Schon vorher, im 1983, fand die Eröffnung der neuen Post statt.

KULTUR ZIEHT EIN

1980 wurde das «Theater auf dem Lande» ins Leben gerufen, ein Verein, der im Dorf Kleinkunst aus den Bereichen Theater, Kabarett, Puppenspiel, Liedermacherszene und Literatur veranstaltet. Als erste Trotte-Veranstaltung gewährte das (spätere) TadL am 16. Dezember 1981 zwei Autoren Gastrecht. Der BaZ-Kulturredaktor Peter Burri las aus seinem Roman «Tramonto», und der Publizist Beat Alder erschütterte das Publikum mit Auszügen aus seinem Buch «Die Begutachtung der Familie F.». Noch heute ist die Trotte der Hauptveranstaltungsort des TadL.

Links. Die Umgestaltung des Dorfplatzes ist in vollem Gang. Ein Bild aus dem Jahr 1989.

Nach langer Diskussion stand fest: der Dorfplatz wird gepflästert.

1981 war das Jahr der Trotte! Am 18. Juni sagte die Bürgergemeindeversammlung ja zum Umbaukredit der Trotte in der Höhe von 1,26 Millionen Franken, und das nach dem im Mai von der Gemeindeversammlung gesprochenen happigen Kredit für die Sportanlagen «In den Widen» und für die Unterstützung der Domrenovation. So erhob also die Gemeinde die Trotte zu ihrem «Dorfmuseum und zum Kultur- und Begegnungszentrum». Die erste Ausstellung war übrigens der Geschichte der Trotte gewidmet, dem markanten Gebäude aus der 1. Hälfte des 18. Jahrhunderts, das 1926 seine ursprüngliche Bedeutung verlor. Am 6. Dezember 1981 war Tag der offenen Tür und Einweihung des Heimatmuseums Trotte. Das Jahr 1981 stand auch im Zeichen von «300 Jahre Dom» (mehr dazu auf Seite 108).

DIE PFLEGE DES DORFKERNS

Ende Juni 1981 schloss die Papierfabrik Stoecklin ihren Betrieb; ein Unterstützungskomitee «Pro Papierfabrik Arlesheim» hatte keinen Erfolg.

Weiter ging es auch um Fragen von Alt-Arlesheim. So stand 1983 das «Studerhaus» an der Hauptstrasse 13 zur Debatte: Renovation oder Abbruch? Und 1985 fragte man sich, ob das Haus Obere Gasse 16, genannt das Taunerhaus (die Bezeichnung stammt von der alten Bezeichnung Tauner für Taglöhner), renoviert werden sollte. Eine geglückte Neugestaltung fand im Februar 1987 ihren Abschluss: Nach Umbau und Sanierung wurden die Häuser Nr. 3, 5, 7 und 9 auf dem Dorfplatz als Wohn- und Geschäftshäuser eingeweiht. Den Beweis, dass Arlesheim es mit der Pflege des Dorfkerns ernst meinte, lieferte die Gemeindeversammlung vom 29. April 1987: Die öffentlichen unterirdischen Parkplätze in der Gschwindhof-Überbauung wurden mit einem Stimmenverhältnis von 197:120 abgelehnt.

In sportiver Hinsicht war einiges los. Am 5. Juni 1983 festeten die Fussballer: 50 Jahre FC Arlesheim (1933–83). Im August 1984 wurde der Sportplatz «In den Widen» eingeweiht. Und nur vier

Jahre später lud der 125-jährige Turnverein Arlesheim am letzten Augustwochenende zum grossen Dorffest auf dem Areal des Gerenmattschulhauses. Und als Zückerchen: 1988 stiegen die Basketballerinnen von Arlesheim in die Nationalliga A auf.

Ein für Arlesheim bedeutendes Ereignis stand im 1985 an: 200 Jahre Ermitage. Die Festgemeinde genoss Ausstellungen, Führungen, Konzerte und Serenaden en masse. Unter anderen schuf der in der Ermitage lebende Maler Helmuth Mahrer vier Lithografien. Als Höhepunkt inszenierte das «Theater auf dem Lande» im August die Oper «Die schöne Müllerin»/«La bella molinara» vor der Kulisse der alten Mühle.

DIE FIGUREN DES JAHRZEHNTS

Im Jahrzehnt von 1980 bis 1990 beklagte Arlesheim auch den Verlust von gewichtigen Dorfpersönlichkeiten. Im Juli 1981 starb Hans Vogelsanger-Thommen, ein markanter Unternehmer und begabter Musikant. Ab 1949 übernahm er die Kehrichtabfuhr im Dorf, zuerst noch mit dem Glöggliwagen. Dann kamen immer mehr Gemeinden im Birseck und Laufental dazu. Am 5. Oktober 1984 beklagte ganz Arlesheim den Tod von Pfarrer Andreas Brassel; er verschied überraschend erst 61-jährig im Amt. Im Sommer 1987 wurde der Künstler Albert Schilling 84-jährig zu Grabe getragen. Seine Plastik «Demeter Erinys» auf dem Trottenplatz hatte noch im Januar 1985 für grosse Diskussionen gesorgt. Am 27. September 1989 starb Ernst Richli-Bächler 77-jährig. Er war für Hunderte von Schülerinnen und Schülern als Abwart im Domplatzschulhaus und in den Schulanlagen Gerenmatten mehr als ein Begriff; dazu betreute er fünf Jahre lang die Waldbruderklause in der Ermitage. Am 11. Mai 1990 verstarb Dr. Albert Diefenbach, Leiter der Holle-Nährmittel AG in Arlesheim, die er im Jahr 1933 begründet hatte. Und schliesslich beklagte man am 2. August 1990 den Tod von Joseph Hofmeier. 1933 hatte er die Buchdruckerei Arlesheim übernommen, die Herausgeberin des Wochenblattes für das Birseck und Dorneck.

Und Dreierlei-Vermischtes zum Schluss: Am 12. Januar 1981 feierte (wie das Wochenblatt mit Bild belegte!) der schönste Briefträger von Arlesheim, Jakob Ryf, seinen 90sten Geburtstag. Mit der Eröffnung der Tramlinie 10 von Dornach nach Rodersdorf am 25. Oktober 1986 lag Arlesheim (und liegt noch immer) an der längsten Tramlinie Europas; sie ist exakt 26 km lang. Und auch das noch: Im September 1988 wurde die Sackgebühr eingeführt. fh

Die Trotte vor der Renovation. Heute wird hier nicht mehr Wein produziert, sondern Kultur gepflegt.

Die prächtige Scheune des Andlauer Hofes brennt. Kinder hatten gezünselt (1989). Mit Ziegeln des Schlachthofs Basel wurde die Scheune originalgetreu wiederhergestellt.

DAS GEBELL DES GÜGGELS

Ein gestresster Bürger mit Vornamen Toni beschwerte sich Mitte der Achtzigerjahre auf der Bauverwaltung, weil ein Güggel in der Nachbarschaft in aller Hergottsfrühe krähe. Er verlangte, dass die Gemeinde etwas dagegen unternehme. Der Beamte bat den Anrufer um Verständnis; man lebe schliesslich auf dem Lande, da müsse man mit solchen Beeinträchtigungen rechnen. Im übrigen fehle der Gemeinde die rechtliche Basis, um einzuschreiten. Im Gespräch zeigte sich der effektive Grund des Anrufs: Wenn die Nachbarin dem Güggel rief, rief sie «Chumm Toneli, chumm», was die Gattin von Toni ärgerte. Toni war mit der Auskunft des Beamten nicht zufrieden und meinte: «Los, chasch mer sage, was de wotsch, aber wenn ä Hund immer bällt, schrittet d Gmeind au i.» Nach der Antwort: «Jo, das stimmt, lüt a, wenn dr Güggel s erscht mol bällt, und mir chömme», knackte es in der Leitung und das Gespräch war beendet. ps

WALTER STÜRMS FIESER TRICK

Der berühmte Ausbrecherkönig Walter Stürm war offenbar auch im Baselbiet «tätig». Er sass im Bezirksgefängnis Arlesheim in Untersuchungshaft. Der damalige für die Vernehmung zuständige Beamte erzählte folgende Geschichte: «Da ich wusste, dass Stürm technisch sehr begabt war, habe ich ihn gefragt, ob er allenfalls mein Auto flicken könne. Er meinte, er könne sich die Sache ja mal ansehen. Wir gingen zusammen zum Auto. Er stellte fest, dass er das Problem wohl beheben könne, dafür brauche er aber einen speziellen Schlüssel. Ich ging den Schlüssel holen – als ich zurückkam, hatte sich der Sürmel Stürm dünngemacht. Dem Begriff Ausbrecher musste er da also nicht einmal gerecht werden.» ps

«...UND KAUFSCH GUET Y»

Der Dorfkern war ein wenig am Dämmern; das hat der damalige Präsident des Gewerbevereins erkannt. Und gleichzeitig war die Migros am Planen: Im März 1980 lud sie zu einer Informationsveranstaltung ein und legte dar, wie sie das Schappeareal zu nutzen gedachte. Da erst merkt das Gewerbe und merkt das Dorf: Der Gewerbe-Preesi hat recht, das Dorf schläft wirklich; die Gemeindeversammlung lehnt die Pläne der Migros ab, und der Vorstand des Gewerbevereins wird aktiv. Er kreiert den Slogan: «Im Dorf bisch gly und kaufsch guet y». Die Einsicht, dass der Dorfkern lebendigere Läden braucht, setzt sich durch; der Präsident überzeugt das Gewerbe davon, dass jeder einzelne Laden jeden anderen Laden attraktiver machen kann. Aber ehe das Gewerbe die Kunden ins Dorf zurückholen konnte, ging das Gewerbe zunächst zu seinen Kunden: Ab September 1980 zirkulierte an Freitagen und Samstagen ein Einkaufsbus zwischen Dorplatz und Kreuzmatt. Nach einem halben Jahr stellte der Bus seinen Dienst ein, aber der Anstoss war gegeben. Im selben Halbjahr fand der erste Dorfmärt statt, wenn auch zunächst noch in bescheidenem Rahmen. Bus und Märt wurden zwar von verschiedensten Seiten immer wieder in Frage gestellt; die Kritik war aber nicht geeignet, den Gewerbeverein zu bremsen – im Gegenteil. Der Dorfkern war definitiv wachgerüttelt und erlebte eine Entwicklung, um die die umliegenden Gemeinden den Ort Arlesheim zu beneiden begannen. fw

Der Einkaufsbus im Herbst 1980.
Das Gewerbe geht zu seinen Kunden.
Beim Verlassen des Busses:
Alois Schmidlin mit Tochter Andrea.

DAS VERSCHWUNDENE BILDSTÖCKLI

Grosse Aufregung herrschte eines Tages Mitte der Achtzigerjahre im Dorf. Das beliebte Bildstöckli am Weg, dem es den Namen gibt, war verschwunden. Niemand wusste, was passiert war. Die Polizei wurde eingeschaltet. Da kam der erlösende Anruf aus dem Oberbaselbiet. Bei ihm sei etwas Komisches abgegeben worden, sagte der Anrufer, eine Figur in einer Art Kiste. Vermutlich stamme das Objekt aus Arlesheim. Ob die Gemeindebehörden etwas darüber wüssten. Folgendes war geschehen: Eine Firma war beauftragt, ein Klavier aus der Strasse «Hinter dem Saal» abzuholen. Zur Wegbeschreibung wurde auf das Bildstöckli hingewiesen. Offenbar gab es Probleme mit der Kommunikation. Die Möbelträger fanden das Bildstöckli. Da sie meinten, sie müssten es mitnehmen, haben sie es abmontiert. ps

Das Bildstöckli in seiner alten Form.
Das Datum der Aufnahme ist nicht bekannt.

ALBERT SCHILLING – BILDHAUER UND DENKER

Der öffentliche Raum Arlesheims ist stark geprägt von Albert Schillings künstlerischer Tätigkeit. Allein auf dem Trottenplatz stehen drei Werke des Plastikers und Bildhauers, der 1904 in Zürich geboren wurde und nach seiner Ausbildung in Berlin ab 1946 in Arlesheim am Homburgweg 22 sein Wohn- und Atelierhaus hatte. Schilling war ein leiser, zurückgezogener Mensch. Seine subtile, bescheidene Art stand in einem eigenwilligen Gegensatz zu seinem bevorzugten Material, dem harten, widerspenstigen Stein. Besonders in seinen Spätwerken verstand er es, mit Gespür für die Materialität eines Steins eine augenfällige Verbindung von Form, Volumen und Oberflächenstruktur zu realisieren. Schilling gilt als wegweisender Erneuerer der sakralen Plastik und Raumgestaltung. Beleg dafür ist eines seiner Hauptwerke, die Gestaltung der Vierungspartie im Dom von Würzburg, die er von 1963–1967 realisierte.

Die drei aus verschiedenen Schaffensperioden stammenden Werke auf dem Arlesheimer Trottenplatz («Stehende», «Demeter Erinys» und «Introvertierter Stein») belegen eindrücklich Schillings ausgeprägte geistige Dimension seiner Arbeiten.

Schilling war auch wesentlich an der Gestaltung des Friedhofes Bromhübel beteiligt. Der Architekt Werner Blaser erinnert sich an Schillings Mitarbeit: «Es ging um die Zusammenführung von Natur, Architektur und Skulptur (…). Seine Plastik aus Collombey-Stein besitzt heute noch dieselbe Ausstrahlung des Friedens, der Stille und Vollkommenheit. Das Gleiche kann man über den (…) Kinderfriedhof sagen. Die drei wesentlichen Elemente von Albert Schilling waren: das am höchsten Punkt des Geländes gelegene einfache steinerne Kreuz, das Bodenmosaik bei der Abdankungshalle und das Bronzetor als Eingang zum Friedhof. Alle aktivieren Seele und Geist. Er verstand, die Bildhauerkunst mit seiner Sehkunst zum Klingen zu bringen.»

Der stille Denker Albert Schilling verstarb 1987. fh

Die Statue «Demeter Erinys» von Albert Schilling bei der Trotte.

1981: 300 JAHRE DOM ZU ARLESHEIM

Es begann am 23. November 1977 mit einem Brainstorming einer kleinen Arbeitsgruppe unter der Leitung des späteren OK-Präsidenten Bruno Weishaupt und wurde zu einem einjährigen Gross-Event, der 1981 im Dom-Dorf Arlesheim einen Hauch von «Kulturhauptstadt Europas» hervorrief. Jedenfalls verstrich im Jubiläumsjahr kaum ein Tag, an dem nicht eine Veranstaltung im Rahmen der Feierlichkeiten zu Ehren unseres Rokoko-Juwels über die Bühne ging.

Waren schon die Gottesdienste durchs Jahr hindurch immer wieder durch besondere Gestaltung dank der Mitwirkung zahlreicher Gastchöre etwa aus dem elsässischen Andlau oder durch die Aufführung der «Zäller Oschtere» von Paul Burkhard mit der Sekundarschule Arlesheim bereichert worden, so geriet der 300. Kirchweihtag des Doms zu Arlesheim, der 25. Oktober 1981, zum eigentlich Höhepunkt. Unter der Leitung von Bischof Hänggi und Weihbischof Wüest zelebrierten im Dom zu Arlesheim erstmals nach der Französischen Revolution sämtliche Domherren des Bistums Basel den glanzvollen Festgottesdienst.

PAUL SACHERS BRIEF

Einen wichtigen Platz im Terminkalender nahmen erstklassige Konzerte ein: Ausser zwei Konzerten mit Star-Organisten auf der Silbermann-Orgel und einem Konzert mit Trompete und Orgel konnten im Domkonzertzyklus 1981 gleich drei Chorkonzerte angeboten werden: Das erste bestritt das Basler Vokalensemble unter dem legendären Chordirektor Paul Schaller. Das zweite Chorkonzert mit dem Singkreis Zürich und dem Basler Kammerorchester sowie namhaften Solisten stand unter der Leitung Paul Sachers, unter dessen Stabführung eine zauberhafte Wiedergabe der Krönungsmesse von Mozart aufgeführt wurde, so ergreifend, dass uns selbst der so erfolgverwöhnte Maestro schrieb: «Das Mozartkonzert im Dom zu Arlesheim lebt auch in meiner Erinnerung als ein musikalischer Höhepunkt weiter. Ich danke Ihnen für die Einladung.» Das dritte Chorkonzert fand unter Leitung von Hans-Martin Linde statt: Der Chor des Konservatoriums Basel und ein Ensemble der Schola Cantorum Basiliensis führten die Weihnachtshistorie von Heinrich Schütz auf.

Im französischen Garten des Statthalteramtes gaben «I Pifferi» unter Richard Erig ein Programm mit höfischer Barockmusik zum Besten. Aber auch «heisser Jazz» kam zum Zug: Integriert ins dreitägige Dorffest fanden zwei Galakonzerte mit den «Basel Jazz All Stars 81» statt. Jazzgrössen wie George Gruntz, Andy Scherrer, Peter Schmidlin, Oscar Klein, Bruno Spoerri und Chester Gill waren mit von der Partie.

THEATER UND MALEREI

Unter der Regie von Gerold P. Kohlmann inszenierte der Verein «Theater auf dem Lande» seine erste Arlesheimer Freilichtaufführung: Gespielt wurde die Komödie «Kesselflickers Hochzeit» von John M. Synge mit einer Hand voll Berufs- und vielen örtlichen Laienschauspielerinnen und -schauspielern vor der Kulisse des Andlauer Hofes.

Im Weitern wurde ein sehr schöner Bildband über das «Geburtstagskind» herausgegeben. Autor war der damalige Denkmalpfleger Hans-Rudolf Heyer.

Auch die bildende Kunst kam nicht zu kurz: Sechs Arlesheimer Künstlerinnen und Künstler brachten eine Mappe mit Lithographien und Holzschnitten auf den Markt. Eine Schaufensterausstellung zur Geschichte des Domkapitels wurde im Dorfkern organisiert, und auch die Einweihung des Trottemuseums mit einer Ausstellung des späteren Expo-02-Direktors Martin Heller, eines alten Arlesers, fiel ins Jahr 1981.

DAS DORFFEST

Der weltliche Höhepunkt war das bisher grösste Arlesheimer Dorffest aller Zeiten. Es dauerte drei Tage, vom 28. bis 30. August 1981, und dies bei schönstem Spätsommerwetter. Dabei wirkten rund 60 Vereine und Institutionen mit. Neben einem Markt auf dem Domplatz gab es 30 Restaurants und jede Menge Attraktionen. Die Tramlinie 10 und die Buslinie 64 liessen ihre Fahrgäste zum und vom Festgelände gratis fahren. Am Sonntagnachmittag gab es einen, von Oscar Studer konzipierten Festumzug, an dem Vereine und Schulklassen Szenen zur Geschichte des Dorfs und des Doms nachspielten.

Der oberste Leitsatz für das OK war, mit dem Jubiläumsjahr die Bedeutung des Doms und Arlesheims zu festigen und den Zusammenhalt der ganzen Bevölkerung zu fördern. Dennoch konnte ein Reingewinn von 91 000.— Franken erwirtschaftet werden. Dazu trugen hauptsächlich ein unerwartet grosszügiges Sponsoring und der gewaltige Besucherstrom am Dorffest bei. pk

Links. Jazzkonzert in der Mehrzweckhalle am Domplatz.

Rechts. Drei Tage voller Aktivitäten: das Plakat zum Fest.

Wir wollen auch Leben
Lieber langsam, Ihre Arlesheimer.
BEI NACHT GIB ACHT
Lieber langsam, Ihre Arlesheimer.
UM-
SICHT!
Lieber langsam, Ihre Arlesheimer.
ES MUSS NICHT IMMER VOLLGAS SEIN!
60 80 40 100 20 120
Lieber langsam, Ihre Arlesheimer.
30
Lieber langsam, Ihre Arlesheimer.

1990 – 2000

IM JAHR 1990 SPRECHEN VON 8293 ARLESERN NUR NOCH 359 ITALIENISCH,

200 WENIGER ALS VOR ZEHN JAHREN. 117 SPRECHEN PORTUGIESISCH,

116 SPANISCH, 105 TÜRKISCH UND 84 EINE SLAWISCHE SPRACHE. DER ANTEIL

DER ÄLTEREN MENSCHEN IN ARLESHEIM STEIGT: 944 SIND ZWISCHEN

65 UND 79, 366 SIND ÜBER 80-JÄHRIG.

Links. Anwohner plädieren für Tempo 30 im oberen Bereich des Stollenrains. Ein Bild von Ende der 90er-Jahre, aufgenommen in der Nähe der reformierten Kirche.

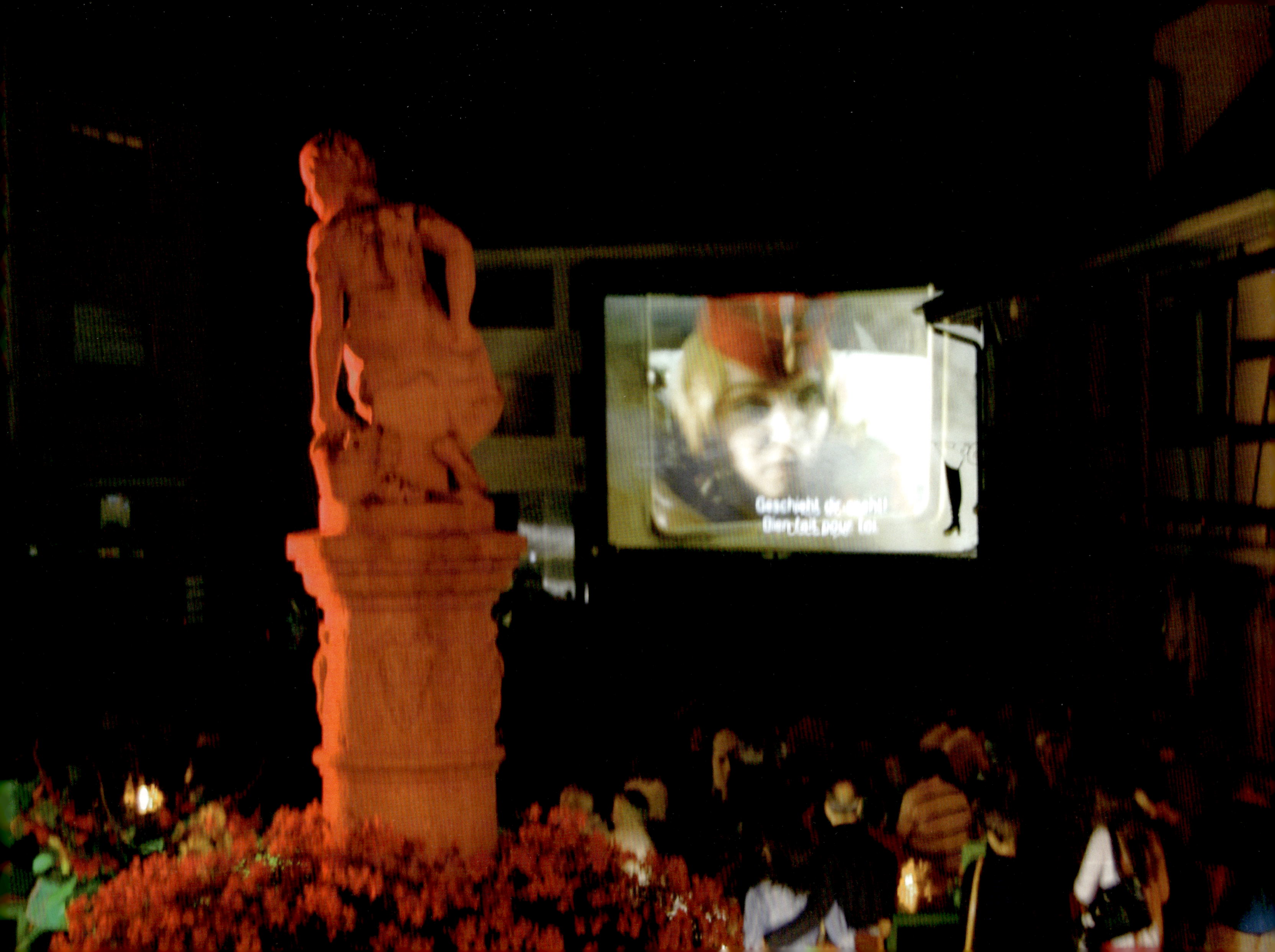

DAS JAHRZEHNT, IN DEM ARLESHEIM FEUER FÄNGT

Ein enorm reicher Investmentbanker aus der schicksten Gegend Manhattans gerät auf die falsche Autobahnausfahrt und landet in der Bronx, wo er einen Farbigen anfährt und verletzt, der sich ihm möglicherweise in krimineller Absicht genähert hat. Der Investmentbanker begeht Fahrerflucht und manövriert sich in ein persönliches und juristisches Schlamassel. Das ist Tom Wolfes Roman «Fegefeuer der Eitelkeiten», der 1987 erschien; das sind die funkenschlagenden achtziger Jahre, in denen die Gegensätze aufeinander prallen. Die Yuppies in Manhattan und die Slums und Projects in der Bronx, die modischen Popper und die No-Future-Generation, die letzten Zuckungen des Kalten Krieges, der Personal Computer, der Walkman, das Mobiltelefon, das Privatfernsehen, Rolex und Swatch, die neoliberale und die grüne Bewegung, die Bürgerinitiativen, die basisdemokratischen Ideale, das Wahrnehmen des Hungers im Süden und des Überflusses im Norden.

Den Schweizerinnen und Schweizern geht es in diesen achtziger Jahren mehrheitlich gut, aber die internationalen Funken finden auch hier Nahrung. Die Jugend will autonome Jugendzentren, das Establishment will Millionen für die Oper; es kommt zu Strassenschlachten zwischen Jugendlichen und Polizei in Zürich: Züri brännt! Materieller Wohlstand ist vorhanden, befriedigt aber nicht mehr alle: die Suche nach Sinn rückt in den Vordergrund, gefragt sind Freiräume, Emotionen, Kreativität, Selbstverwirklichung. Das Schweizer Fernsehen muss im Sommer 1980 die von Andreas Blum moderierte Live-Sendung «Telebühne» 45 Minuten vor dem geplanten Schluss beenden. Die eingeladenen Jugendlichen nehmen die Voten der Repräsentanten der Macht einfach nicht ernst und reagieren nicht mit Argumenten, sondern mit Schabernack. Diese Diskussionsverweigerung führt zu einer heute kaum mehr verständlichen Eskalation, die dem Fernsehen 500 gehässige Briefe einbringt. Die Schweiz ist erschüttert von frechen Parolen wie: «Freie Sicht aufs Mittelmeer» oder «Macht aus dem Staat Gurkensalat». Es sei hier darauf hingewiesen, dass dieser Spruch in der DDR eine ganz andere Brisanz hatte: In Weimar wurden vier Jugendliche, die ihn 1983 auf eine Wand gesprüht hatten, von der Stasi ins Gefängnis gesteckt, nicht wegen Sachbeschädigung, sondern wegen falscher politischer Gesinnung.

Die Schweizer Jugend kommt in Bewegung, in Bewegung kommen aber auch Bevölkerungsschichten, die sich durch die bewegte Jugend und durch andere gesellschaftliche Entwicklungen, wie das Zusammenwachsen Europas und die Globalisierung, bedroht fühlen, und die das Bedürfnis nach Sicherheit und Stabilität haben. Der Aufstieg der Schweizerischen Volkspartei (SVP) beginnt und Christoph Blocher wird populär.

Die Bevölkerung wird aufgerüttelt durch die Katastrophe im Kernkraftwerk Tschernobyl am 26. April 1986 und durch die Chemiekatastrophe in Schweizerhalle am 1. November 1986.

VIEL BEWEGUNG

In den neunziger Jahren erreichen diese Funken auch Arlesheim. In den Hohlen Felsen hausen jugendliche Höhlenbewohner, der Gemeindepräsident Hannes Hänggi persönlich hält seine schützende Hand über sie.

Links. Das Freiluftkino Cinema Paradiso, von «Frischluft» ab 1992 organisiert, wird zum gesellschaftlichen Ereignis.

Auch in die politische Landschaft kommt Bewegung: Im Hinblick auf die Schulpflegewahlen vom 22. September 1991 streben die Ortsparteien stille Wahlen an, sie beschliessen, nicht mehr Kandidatinnen und Kandidaten aufzustellen, als Sitze zu vergeben sind: FDP: fünf, CVP: drei und SP: zwei. Im Sommer 1991 trifft sich jedoch im Rössli eine Gruppe unzufriedener Eltern, die sich unter anderem gegen Schülerverschiebungen in Nachbargemeinden wehren. Sie gründen die «Eltern-Plattform Arlesheim» und stellen zwei Kandidatinnen und zwei Kandidaten zur Wahl. Auch die SVP meldet zwei Kandidaten an. Es kommt zu einem Wahlkampf mit hitzigen Wortgefechten im Wochenblatt: «Das Gespräch muss wieder in Gang gebracht und zu einem festen Bestandteil in der Arbeit der Schulpflege werden», fordert die Eltern-Plattform. Ein Vertreter der FDP erwidert: «Das Problem hier in Arlesheim ist nicht ein Zuwenig, sondern nachgerade ein Zuviel an Gesprächen, ein Zuviel an endlosen Debatten in verrauchten Sitzungszimmern.» Die Eltern-Plattform stösst auf grosses Interesse in der Öffentlichkeit und auf viel Zustimmung. Sie wird unter anderem auch von einer Fraktion der Lehrerschaft und von einer prominenten Vertreterin der SP unterstützt, und sie findet starke Beachtung in der lokalen Presse. Das Resultat der Wahlen: Die Eltern-Plattform erobert auf Anhieb drei Sitze in der Schulpflege. Die FDP kann ihre bisherigen fünf Sitze halten, die CVP hält zwei Sitze und verliert einen, die SP verliert ihre beiden Sitze und ist nicht mehr in der Schulpflege vertreten. Die Eltern-Plattform hat einiges in Bewegung gesetzt (es wird übrigens nicht nur diskutiert, sondern auch getanzt, am Oldies-Tanzfest, das jährlich im Herbst stattfindet) und ist eine der Arlesheimer Neuerungen aus den neunziger Jahren, die Bestand hat. Das Schulrats-Wahlergebnis des Jahres 2008: Eltern-Plattform: zwei, Frischluft: zwei, SP: eins, CVP: eins, FDP: null. (Die Sitzzahl im Schulrat war inzwischen von zehn auf sechs reduziert worden.) Als Reaktion auf diese Niederlage fordert die FDP nun ihrerseits mehr Kommunikation im Umfeld der Schule und ruft die Initiative treffpunkt-schule.net ins Leben. Die Akteure ändern sich, die Probleme aber scheinen die gleichen zu bleiben.

VIEL FRISCHE LUFT

Der Eintritt der Gruppe «Frischluft» in die Arlesheimer Politik war weniger erdrutschartig, aber ebenfalls sehr nachhaltig. Gemäss ihrem eigenen Gründungsmythos entstand die Idee, in die Politik einzutreten, im Spätsommer 1991, am Küchentisch einer Wohngemeinschaft, nachdem drei Weinflaschen geleert und ein Aschenbecher gefüllt worden waren. Die jungen Rebellinnen und Rebellen wollten gegen einen «alten, vergreisten Herrenclub (antreten), der über die wichtigsten Belange in der Gemeinde entscheidet». Man erkundigte sich nach den Formalitäten, es wurde eine «Liste 13» mit fünf Kandidatinnen und Kandidaten zusammengestellt und im Frühling 1992 war Kalle Zeller als Gemeinderat gewählt. 1996 wurde er bestätigt und zwei Frischlüftler und eine Frischlüftlerin zogen in die Gemeindekommission ein. Im Jahr 2008 hat die Frischluft zwei Sitze im Gemeinderat (Karl-Heinz Zeller und Daniel Wyss) und stellt den Gemeindepräsidenten; sie hat vier Sitze in der Gemeindekommission; sie hat zwei Sitze im Schulrat und stellt die Schulratspräsidentin; sie hat zwei Sitze in der Sozialhilfebehörde und stellt dort ebenfalls die Präsidentin. 16 Jahre nach ihrer Gründung ist die Frischluft somit die mächtigste Partei in Arlesheim. Das Erfolgsgeheimnis? Die jungen Rebellinnen und Rebellen sind zu profilierten und respektierten Persönlichkeiten geworden und haben sich trotzdem ihren jugendlichen Schwung bewahrt, und sie politisieren weiterhin volksnah. Eine Rolle spielt sicher auch das «Cinema Paradiso», ein «Freiluftkino» der ersten Stunde, das die Frischluft seit 1992 jährlich im August organisiert, ein Höhepunkt im Arleser Jahreslauf, frequentiert von tout Arlésèm. Aus den Funken der Weltpolitik ist also auch in Arlesheim ein kleines Feuerlein geworden. js

I HA DÄ VOLKSZELLIGSBOGE S'WUNDER GFUNDE
HA ALLES USSGFÜLLT VO Z'OBERSCHT BIS Z'UNDERSCHT UNDE
MIR ISCH'S DOCH GLYCH WENN DIE VO MIR ALLES WÜSSE
I DUE VIL LIEBER DENNE BI DE SCHTÜÜRE BSCHISSE. (1991)*

UF DE CHAMPS ELYSÉES FLUECHT DR ZELLER: NUNDEFAHNE!
DO MÜESSE VERÄNGERIGE, SCHIKANE UND BLUEMETRÖGLI ANE!
(1996)*

MÄNNERCHOR UND FRAUENSTREIK

Das Theater auf dem Lande (TadL) wurde 1980 gegründet. Der Verein realisierte in den achtziger Jahren mehrere grosse Produktionen. Sehr spektakulär und erfolgreich war Gerold Kohlmanns Inszenierung der Oper «La bella molinara» in der Ermitage, hinter der Mühle. Die Aufführung der Oper «Doktor und Apotheker» auf dem Domplatz im Jahr 1987 endete hingegen mit einem beträchtlichen Defizit. Ein grosses Fiasko konnte nur dank wohlwollender Unterstützung von verschiedenen Seiten und dank umsichtiger Finanzpolitik des Vereins verhindert werden. 1995 war die Durststrecke überwunden und das TadL wagte sich wieder an eine Eigenproduktion: «1945 – Männerchor und Frauenstreik» hiess das Stück von Ruedi Brassel und Jürg Seiberth, das unter der künstlerischen Gesamtleitung von Armando Dotto von Klaus Henner Russius inszeniert wurde. Die beiden Autoren liessen sich inspirieren von Ereignissen, die nach Kriegsende in Arlesheim stattfanden, sie sagten, das Stück sei «… frei erfunden, aber historisch plausibel …». Es traten zehn Profischauspielerinnen und -schauspieler sowie fünfzehn Laien auf. Die Aufführung wurde von den Medien in der ganzen Deutschschweiz kontrovers kommentiert: «Wie ein Fisch ohne Wasser», titelte die BaZ, «… der Besuch in Arlesheim ist unbedingt sehr zu empfehlen, die Gesamtstimmung und Gesamtleistung ist grossartig», meinte die Basellandschaftliche Zeitung. Das TadL hatte versucht, Theater aus dem, fürs und im Dorf zu machen. Es blieb bei diesem einen Versuch; das TadL hat sich seit 1995 nurmehr als Veranstalter betätigt. js

Szene aus dem Theaterstück «1945 – Männerchor und Frauenstreik» (1995).

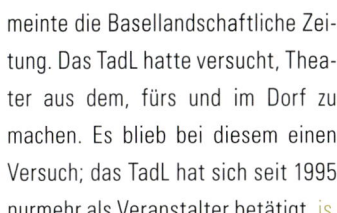

* Schnitzelbängg vom Helgeloos aus den 90er-Jahren.

I HA UF EM DOMPLATZ E KUNSCHTEXPÄRTE TROFFE,
DÄ ISCH GANZ NERVÖS UM DAS KUNSCHTWÄRK UMME GLOFFE.
DO FROGGT DÄ MI MIT GANZ ENTSETZTER MINE,
WE CHUNSCH DENN GOPFERDEGGEL IN DAS PISSOIR YNE? (1992)*

ARLESHEIM ALS GESAMTKUNSTWERK

Barbara und Jürg Reinhard initiierten die ersten Arlesheimer Kulturtage. Sie begannen am Mittwoch, 14. Oktober 1992, im Dom mit dem Konzert von Gijs van Schoonhoven auf der Silbermann-Orgel, und sie endeten am Sonntag, 18. Oktober, in der reformierten Kirche mit der Abendmusik des Ensembles «musica viva Basel». In diesen Tagen wurde das reiche Arlesheimer Kulturleben auf einmalige Weise sichtbar und erlebbar. Veranstalter waren die Abendmusik Arlesheim, das Atelierhaus, die Galerie 4, das Jazz-Museum, die Jugendmusikschule, die Domkonzerte, die Kulturellen Nachmittage, das Ortsmuseum Trotte, das Theater auf dem Lande, die Gemeindebibliothek und der Verkehrsverein. Es gab Kunst, Musik, Theater und Literatur, dargeboten von Künstlerinnen und Künstlern von nah und fern. Eine ganz besondere Attraktion war der Skulpturenweg der «Galerie 4». 14 Werke zierten den öffentlichen Raum von der Dorfgasse bis zum Stollenrain. Viel zu diskutieren gaben vor allem zwei Arbeiten: Der «Baumfreund» des Sissacher Künstlers Rudolf Tschudin in der Hauptstrasse beim Bankverein und Claudio Magonis «Zwei Raumstücke für Arlesheim» auf dem Domplatz. Tschudins Werk sah man erst auf den zweiten Blick, er hatte fünf Motorradbenzintanks ins Geäst eines Baumes gehängt. Magonis Werk war nicht zu übersehen: Er hatte zwei Liftschachtelemente auf den Domplatz gestellt. «Arlesheim als Gesamtkunstwerk» schrieb die Basler Zeitung am 15. Oktober 1992 über die Kulturtage, «in manchen Gemeinden führt ein solches Ansinnen zu Zwistigkeiten. Nicht so in Arlesheim...» und die Zeitung stellte euphorisch die Frage in den Raum: «Wird Arlesheim mit seinem grossen Kulturangebot zum Musentempel der Region?» Nun ja, ein wenig Zwietracht gab und gibt es im hiesigen Kulturleben schon auch, zum kulturellen Zentrum ist Arlesheim auch nicht geworden, und die zweiten Arlesheimer Kulturtage fanden leider noch nicht statt. js

Oben. Claudio Magonis «Zwei Raumstücke für Arlesheim» auf dem Domplatz, 1992.

Rechts. Das Tramdepot mit der Tramhaltestelle Hirsland; das Depot war während Jahrzehnten ein Akzent im Dorfzentrum. Es wurde 1995 abgerissen und machte der Migros Platz.

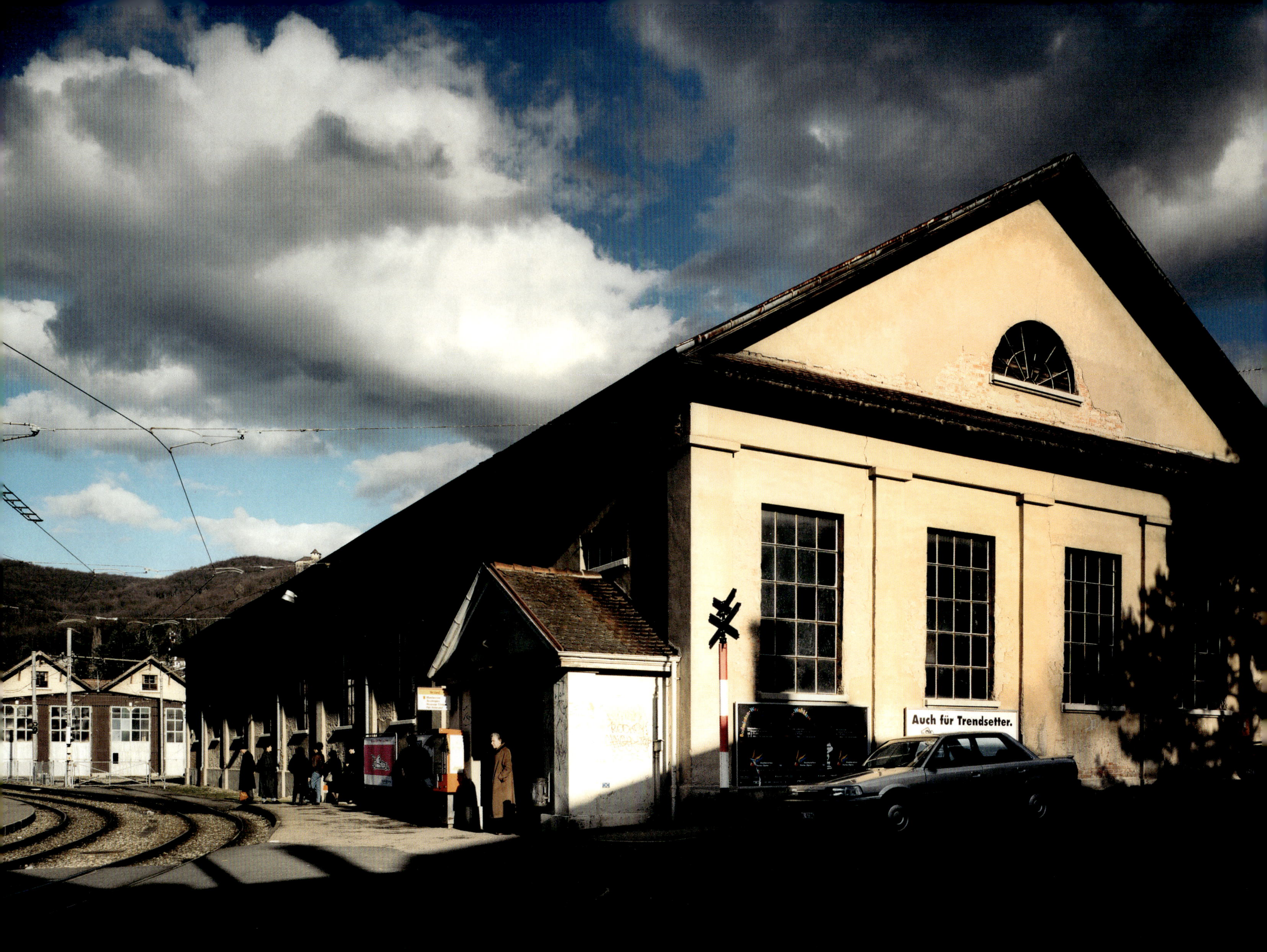
Auch für Trendsetter.

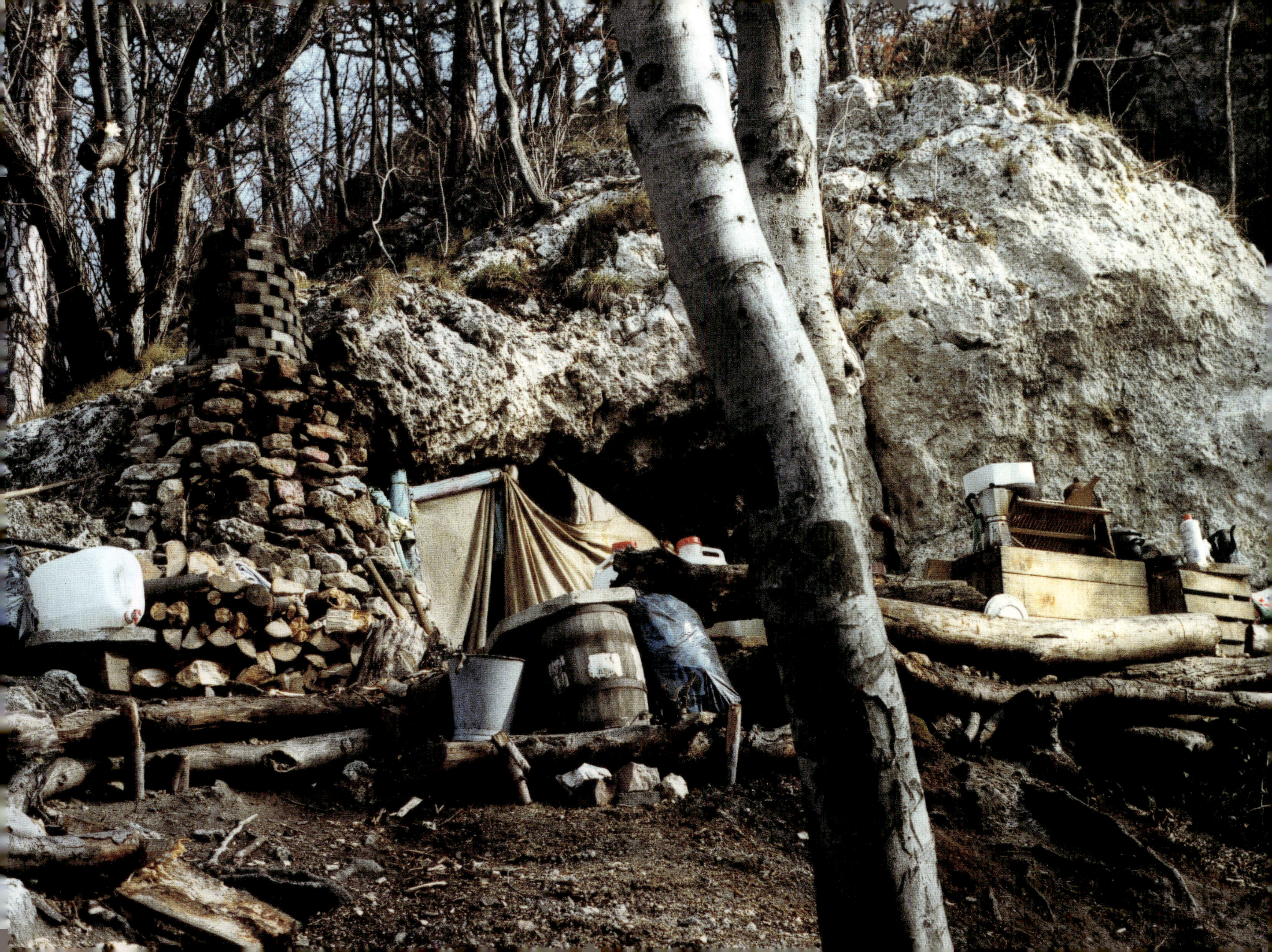

MODERNE HÖHLENBEWOHNER

Nachdem am 21. Juni 1988 das Gelände des ehemaligen Schlachthofes Basel polizeilich geräumt wurde, suchten die Besetzer eine neue Bleibe. Sie fanden diese in den Hohlen Felsen zwischen Burg Reichenstein und Schloss Birseck. Dies missfiel der Eigentümerin des Areals, der Stiftung Burg Reichenstein, und Kreisen des Naturschutzes. Der Fortbestand einer Schmetterlingsart, die in den Höhlen überwintert, war gefährdet. Bei der Bevölkerung löste die Besetzung der Höhlen unterschiedliche Reaktionen aus. Die einen regten sich auf und verlangten die Räumung, da sie sich im beliebten Naherholungsgebiet bedroht fühlten. Die andern waren begeistert, dass so etwas in der heutigen Zeit noch möglich sei, und brachten den Bewohnern Essen und Getränke. Auch im Gemeinderat war die Meinung geteilt. Schliesslich verstiess das Bewohnen der Höhlen gegen mancherlei gesetzliche Bestimmung wie Wohnhygiene, Abwasserbeseitigung, Wohnen im Wald etc. Auch hätten die Bewohner die Wohnsitznahme amtlich anmelden müssen. Daran war die Gemeinde nicht interessiert, denn man wollte nicht zu Unterstützungsleistungen verpflichtet werden.

Schliesslich setzte sich Gemeindepräsident Hannes Hänggi durch, der zur Toleranz aufrief. Zur Beratung und Moderation zwischen Gemeinderat und den Bewohnern wurde der bekannte Zürcher Obdachlosenpfarrer Ernst Sieber beigezogen. Schliesslich liessen sich die Bewohner dazu bewegen, die Höhlen zu verlassen und ein Tipidorf in den Widen östlich der Bahnlinie zu beziehen. Dieses Dorf hat sich mit der Zeit von selbst aufgelöst, da die Bewohner wegzogen. ps

Linke Seite. Bewohnte Höhle in den Hohlen Felsen bei der Ermitage (1990).

Die Tipis von aussen und von innen auf dem Areal der heutigen Baumschule der Stadtgärtnerei Basel im Tal.

SPASS IN DER AMTSSTUBE

Ein besorgter Bürger meldete sich Ende der Neunzigerjahre auf der Verwaltung. Seit einiger Zeit streiche ein Fuchs durch die Gärten im Quartier. Er fühle sich bedroht wegen der Tollwutgefahr und des Fuchsbandwurms. Kein Problem, dachte der zuständige Beamte und setzte sich mit dem Wildhüter in Verbindung. Diesem war das Problem bestens bekannt. Es sei auf das grosse Nahrungsangebot durch die vielen offenen Komposthaufen zurückzuführen. Zudem werden die Füchse zum Teil gefüttert. Ein Abschuss im Wohngebiet komme aber aus verschiedenen Gründen nicht in Frage. Was nun? Eine praktikable Lösung gab es offensichtlich nicht. Also wurde dem Gemeinderat folgender Antrag gestellt: «Auftrag an die Gemeindepolizei: den Fehlbaren schonend anhalten, die Personalien aufnehmen, den Fehlbaren verwarnen und im Wiederholungsfall standrechtlich erschiessen». Der Gemeinderat ist dem Antrag nicht gefolgt und hat den Auftrag nicht erteilt. ps

DIE ARLESER MÄRKTE

Nachdem der Bau des Shopping-Centers im Schappe-Areal verhindert werden konnte, initiierte der Arlesheimer Gewerbe- und Industrieverband (AGIV) im Herbst 1980 den ersten Markt im Dorfkern. Die Märkte im Frühling und im Herbst sind für professionelle Marktfahrer von nah und fern sowie für lokale Organisationen und Vereine gedacht. Am Adventsmarkt präsentieren Künstlerinnen und Bastler aus der Region ihre Kreationen auf dem Domplatz.
Der Freitagsmarkt entstand 1993 als Aktion zur Feier des Schweizer Frauenstreiktages (14. Juni 1991). Seit 2006 wird er von der IG-Gmüesmärt organisiert. Er findet jeden Freitag zwischen 9 und 11 Uhr statt, angeboten werden Früchte, Gemüse, Eier, Mehl, Brot, frische Teigwaren, Honig, Konfitüre und Sirup, Käse, Würste, Saucen, Kräuter, Blumen und vieles mehr von Produzentinnen und Produzenten aus der Region.
Unter dem Patronat der Umweltschutzkommission der Gemeinde Arlesheim steht ein grosser Flohmarkt, der jeweils an einem Samstag nach den Sommerferien im ganzen Dorfkern stattfindet. js

Der Weihnachtsmarkt auf dem Domplatz im Jahr 2006.

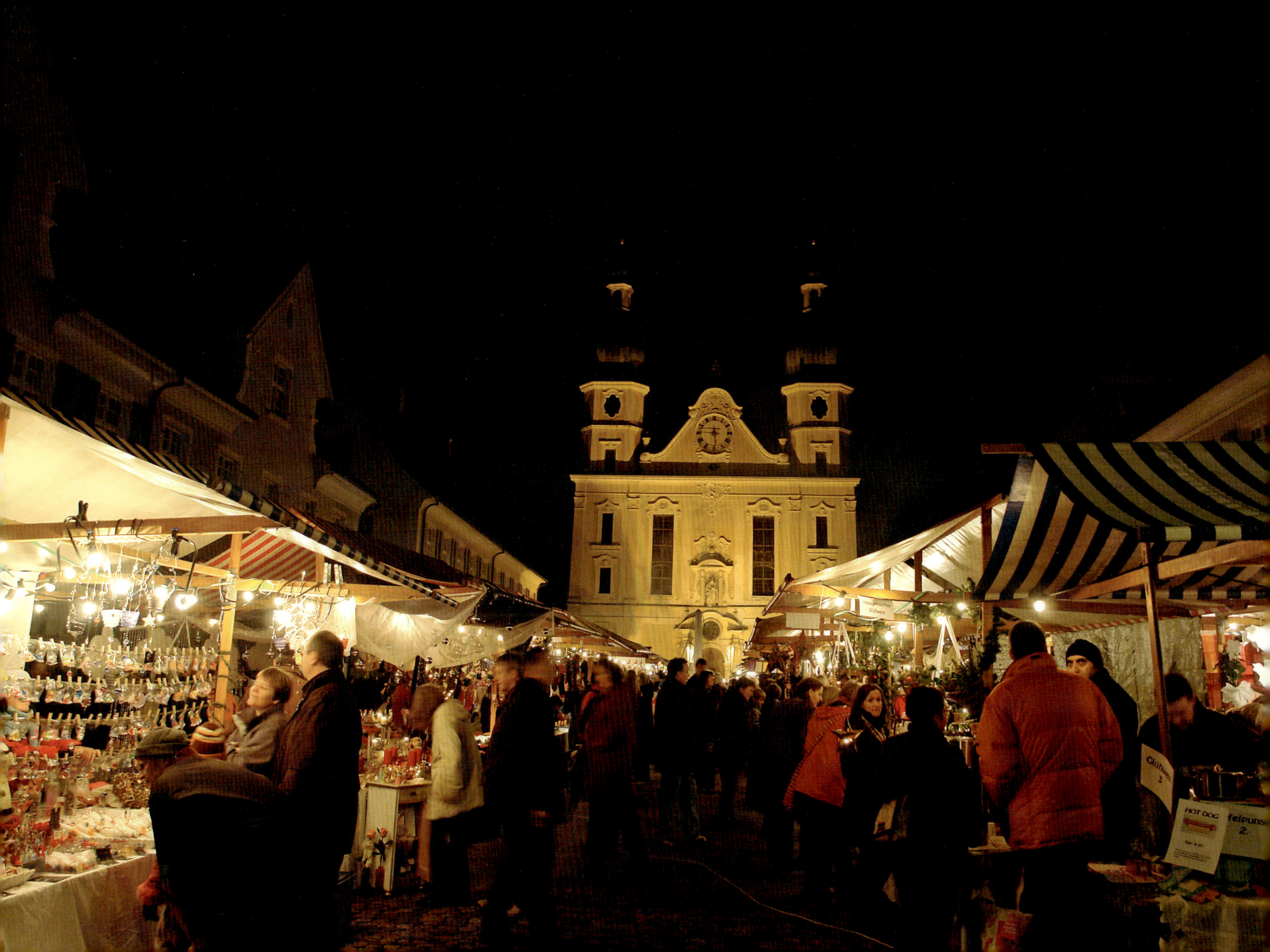
HOT DOG

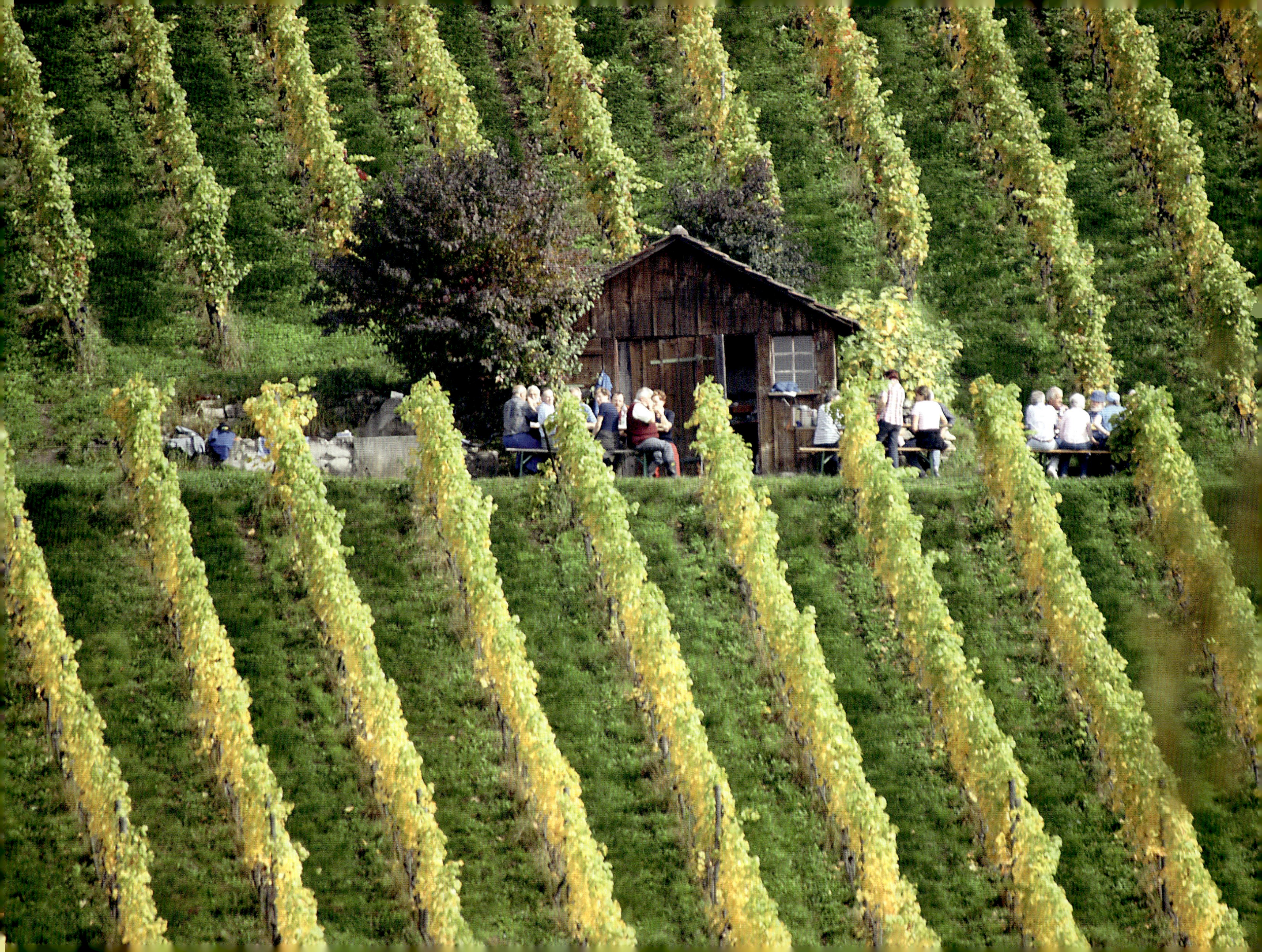

2000 – 2099

DIE BILDER FÜRS BUCH ZU EINEM KÜNFTIGEN JUBILÄUM DER SÄULIZUNFT WERDEN NICHT AUF DEM ESTRICH IN STAUBIGEN SCHUHSCHACHTELN LAGERN UND NICHT IN ALTEN ALBEN VON VEREINEN ZU FINDEN SEIN. ABER WO? WIRDS DIE MEDIEN UND DATENTRÄGER VON HEUTE IM JAHR 2068 NOCH GEBEN? UND WIE SIEHT ARLESHEIM DANN AUS? GEHÖRT DAS DORF NOCH ZUM «ALTEN» KANTON? UND STELLT DER GEMEINDEPRÄSIDENT VON HEUTE IN SEINEM AUSBLICK AUF DIE KOMMENDEN JAHRZEHNTE DIE RICHTIGEN FRAGEN?

Links. Dass Menschen einander begegnen, ist in Arlesheim seit jeher aktuell. Auftakt zum Herbsten am Schäferrain 2008.

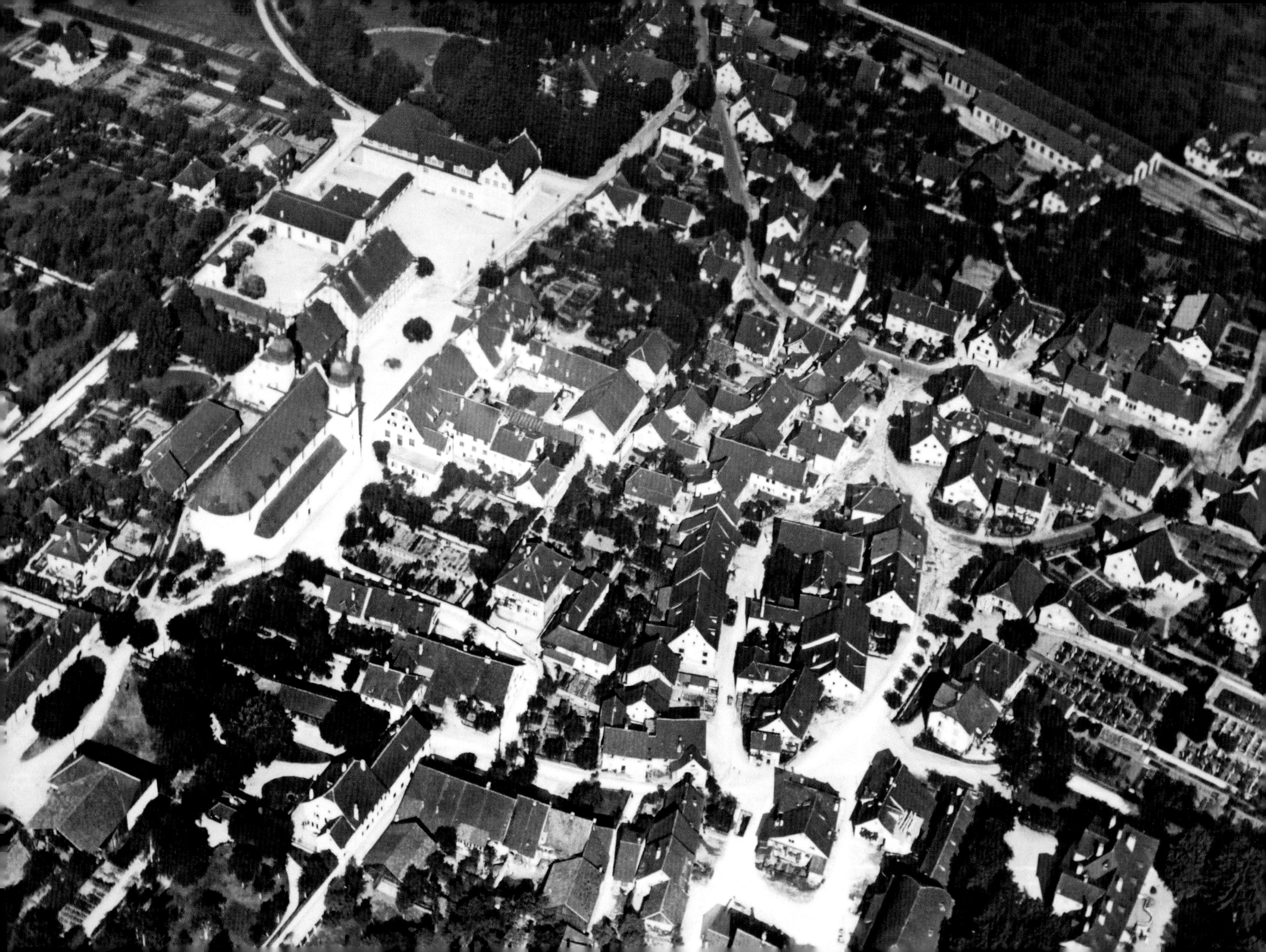

DIE JAHRZEHNTE, DIE NOCH VOR UNS LIEGEN

DIE LETZTEN 100 JAHRE

Axel der Springer wurde gegessen, den Mitgliedern der Säulizunft hat es geschmeckt. Das erste Hallenbad war im Badhof und der Schlangenhansi «Hans Wilhelm Schweizer» hat sich wirklich für Schlangen und Reptilien interessiert. Zwei Eidechsen- und Schlangenunterarten tragen seinen Namen. Viele Geschichten, Episoden und Schicksale, viele Gesichter von Menschen aus Arlesheim.
Arlesheim ist ein einzigartiger Ort mit Menschen, welche einzigartig sind. Arlesheim, die Gemeinde im Baselbiet, eine Gemeinde in der Schweiz, in Europa und ein Zuhause auf unserer Erde. Arlesheim – ein Ort, wo Menschen einander begegnen.

DIE NÄCHSTEN 100 JAHRE

Welche Gesichter und Geschichten tauchen in der nächsten Jubiläumsausgabe der Säulizunft auf? Welche Menschen in Arlesheim werden das 21. Jahrhundert prägen? Welche Gebäude und Landschaften sind für uns in Zukunft wichtig?
Ist es die erste Frau, welche in die Säulizunft aufgenommen wird? Oder wird es eine Frauen-Zunft geben?
Kommen neu auch Tiere und Pflanzen in diese zukünftige Ausgabe? Sind es die Arten, die von der roten Liste endgültig verschwinden und aussterben oder ist es der neue Arlesheimer Chianti, der dank der Klimaerwärmung auf dem Arlesheimer Rebberg wächst? Welche Feste werden gefeiert? Wird im Jahr 2081 ein weiteres grosses Dorffest «400 Jahre Dom» gefeiert? Feiern wir «200 Jahre Zugehörigkeit zur Schweiz» mit einem grossen Fest im Jahr 2015? Werden wir im Jahre 2050 auf «30 Jahre Einführung des Wahl- und Stimmrechts für Ausländer» anstossen?
Wie schnell werden die Menschen mit Hilfe der Technik durch unsere Quartiere fahren? Fahren die Automobile noch und brauchen wir noch die Begegnungszonen?
Wer wird an der Uraufführung der Arlesheimer Oper im neuen Theater der Birsstadter Gemeinden zuschauen? Gibts einen zweiten Arlesheimer Bundesrat?
Gelingt uns die Umsetzung der 2000-Watt-Gesellschaft in Arlesheim oder leben wir weiterhin auf Kosten der nachfolgenden Generationen?
Wird unser Dorfkern mit all seinen Bewohnerinnen und Bewohnern in das geschützte Gebiet der Ermitage aufgenommen und bildet

Flugaufnahme des Dorfkerns, 1922.

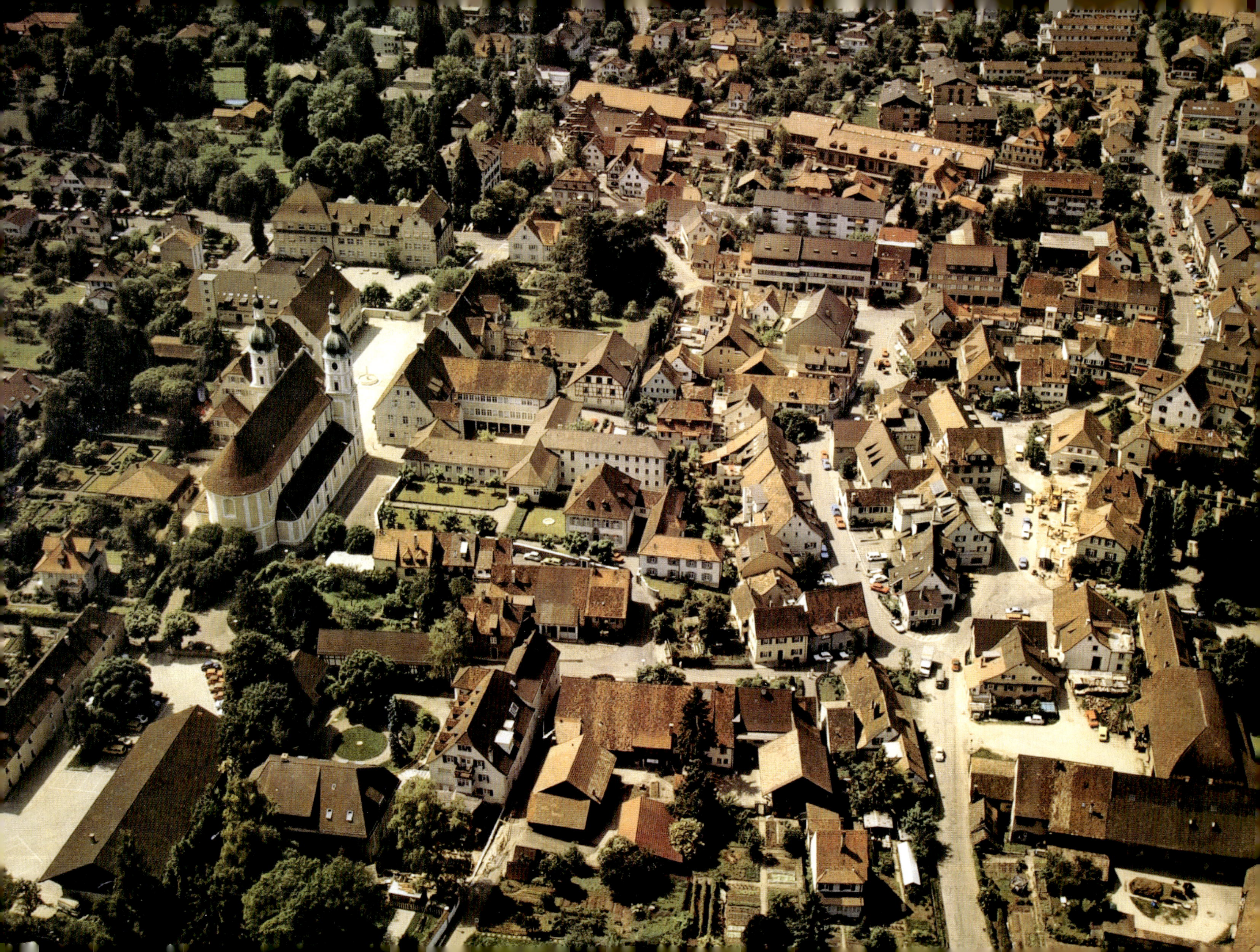

einen integralen Bestandteil des neuen Parkpflegewerkes? Oder ist die Ermitage immer noch ein Ort der Ruhe und Besinnung? Werden «wir» im Kugelstossen an den Olympischen Spielen 2060 in Bern die Goldmedaille gewinnen? Mit oder ohne Doping, mit oder ohne Homöopathie, mit oder ohne «Bio»?
Wird das neue Stadtquartier von Arlesheim im ehemaligen «ABB-Areal» 2099 den begehrten Wakker-Preis erhalten? Oder wird eine Forscherin auf diesem Campus einen Nobelpreis erhalten?

WAS BRINGT UNS DIE ZUKUNFT?

Was wird aus einer Gemeinde, welche erstmals in einem gefälschten Dokument (um das Jahr 1239) erwähnt wird? Was wird aus einer Schweizer Gemeinde, welche vor 200 Jahren noch zu Frankreich gehörte? Was wird aus einer Gemeinde, in der früher die Einwohner Chrallezeller und Säubohne gerufen wurden, und die heute zu den Speckgemeinden des Baselbiets zählt?
Gibt es diese Gemeinde noch? Wird aus der «Speckgemeinde» gar eine «Filetgemeinde» oder werden wir wieder die «Chrallen» der Rosenkränze zählen und Säubohne essen? Wer weiss?
Mir gefällt es in Arlesheim und ich hoffe, es bleibt so!

Kalle Zeller, Gemeindepräsident

Flugaufnahme des Dorfkerns, 1979.

QUELLEN

TEXTE

DAS JAHRZEHNT, IN DEM ARLESHEIM IN FAHRT KAM
Hansrudolf Schwabe, in: Pleuler Rudolf und Schwabe Hansrudolf: Birseckbahn BEB, in: BTBB - BEB - TBA - BUeB: BLT Baselland Transport AG, Basel 1987. S. 53.
Salathé René: Geschichte und Gegenwart der Birseckbahn 1902–2002, Oberwil 2002.

DAS JAHRZEHNT, IN DEM ARLESHEIM DEM WASSER AUF DEN GRUND GING
Heimatkunde des Dorfes und der Pfarrei Arlesheim. Von Georg Sütterlin, 1904.
Heimatkunde Arlesheim. Verlag des Kantons Basel-Landschaft, 1993.
Heimatkunde Münchenstein 1+2

DAS JAHRZEHNT, IN DEM ARLESHEIM SEINEN DORFKERN RETTETE
Protokoll der Gemeindeversammlung vom 1. Juli 1922
Prot. Regierungsratssitzung vom 16.2.1923.
Auszug aus einem Protokoll der Baudirektion Baselland vom 25. Januar 1927
Ruedi Brassel-Moser: Öffentlichkeit und Er-Fahrung. Zur Diskussion um Automobil und Geschwindigkeit in den 1920er-Jahren
Der Baselbieter Bundesrat Emil Frey. Von Fritz Grieder. Verlag des Kantons Basel-Landschaft, 1988.

DAS JAHRZEHNT, IN DEM SICH ARLESHEIM ARBEIT BESCHAFFTE
Gottlieb Wyss, Geschichte der Burg Reichenstein, Arlesheim 1974.
Werner Meyer, Burgen von A bis Z, Burgenlexikon der Regio, Basel 1981.
Beiträge zur Entwicklungsgeschichte des Kantons Basel-Landschaft, Liestal 1964.
Martin Meier, Die Industrialisierung im Kanton Basel-Landschaft 1820-1940, Liestal 1997.
G. Sütterlin, Heimatkunde des Dorfes und Pfarrei Arlesheim, Arlesheim 1904

DAS JAHRZEHNT, IN DEM ARLESHEIM SICH EIFRIG WEITERBILDETE
«Arlesheim feiert und weiht sein neues Primarschulhaus ein.» Basellandschaftliche Zeitung, 27. September 1966, S. 3
«Primarschule Gehrenmatte, Arlesheim» – Festschrift zur Einweihung, 24. September 1966.
«Einweihungsfeier Primarschulhaus Gehrenmatten Arlesheim» – Programmzettel
Oscar Studer: «Chronovision.» – Ein Spiel zur Einweihung des Primarschulhauses Gehrenmatte in Arlesheim 1966» (Manuskript)
Oscar Studer: «Sprechchor» für die Feier anlässlich des Bezuges der Klassenzimmer im neuen Realschulhaus Gehrenmatten in Arlesheim im Dezember 1960
Max Gysin: «Aus der Entwicklung des Primarschulwesens von Arlesheim» – In: «Primarschule Gehrenmatte, Arlesheim» – Festschrift zur Einweihung, 24. September 1966
Oscar Studer: «Jugend in Arlesheim», Lesung am Missionsbazar 2006 (Manuskript)
www.arlesheim.ch

DAS JAHRZEHNT, IN DEM SICH ARLESHEIMS GEWERBE WEHRTE
Schappe. Die erste Fabrik im Baselbiet. Ein Porträt. Katalog zur Ausstellung, Arlesheim 1993.
Bundesgerichtsentscheid vom 12.12.1984 (BGE 110 Ia 167ff.)
Wochenblatt
Private Dokumentation im Karteikasten aus dem Büro der Burlington Schappe AG

DAS JAHRZEHNT, IN DEM ARLESHEIM FEUER FÄNGT
Pressemitteilung TV DRS, 2. Juli 1980
Vgl. DER SPIEGEL 6/1984: «Macht Gurkensalat»
Wochenblatt, 28.8.1991
Wochenblatt, 13.9.1991
Wochenblatt, 20.9.1991
Vgl. Nordschweiz 20.8.1991 und Basler Zeitung 12.9.1991
Eine kurze Geschichte der Frischluft
Manuskript Männerchor und Frauenstreik, BaZ 15.5.1995
Basellandschaftliche Zeitung, 19.5.1995

INSPIRATIONSQUELLEN AUSBLICK 2068
Wo Menschen einander begegnen. Leitbild Arlesheim 2020; Die Birsstadt: Sieben Gemeinden – eine Behauptung, Hochparterre 2007; MetroBasel. Ein Modell einer europäischen Metropolitan-Region. Basel 2009

WEITERE QUELLEN
Arlesheim – Menschen in ihrer Heimat. gab-verlag, 2008.
Die Ermitage in Arlesheim. Hrsg. Ortsmuseum Trotte, 2003
Vergängliche, glückliche Zeit. Lebtage in Arlesheim. Von Eleonora Hänggi, 2003.
Geschichte des Birsecks. Gedenkschrift zur 100jährigen Zugehörigkeit zur Schweiz. Von Dr. Karl Gutzwiller. 1915.
Die Geschichte des Gemeinderebbergs «Steinbruch» Arlesheim. 1978. Diverse Autoren.
Tagblatt.
Wochenblatt.
Wikipedia.

BILDER

Seite 2: (Dorfplatz) A. Dietrich, Arlesheim

Seite 8: (Sommertram) A. Dietrich, Arlesheim

Seite 10: (Bus und Tram) R. von Arx, Basel; Museum Trotte, Arlesheim

Seite 12: (Gartenwirtschaft) F. Widmer, Basel

Seite 13: (Wartungszug) E. B. Leutwiler, Zürich; Museum Trotte, Arlesheim

Seite 14: (Billette) R. Salathé, Aesch

Seite 14: (Restaurant Tramstation) F. Widmer, Basel

Seite 15: (Pfarrer Sütterlin) Heimatbuch Arlesheim

Seite 15: (Fam. Leuthardt) Museum Trotte, Arlesheim

Seite 16: (Kaffeehalle) Museum Trotte, Arlesheim

Seite 16: (Hermann Heller) F. Heller, Basel

Seite 17: (Gasthof Ochsen) R. Jenzer, Arlesheim

Seite 18: (BBC-Wuhr) Museum Trotte, Arlesheim

Seite 20: (Einweihung Dorfbrunnen) Museum Trotte, Arlesheim

Seite 22: (Inserat Badanstalt) R. Jenzer, Arlesheim

Seite 22: (Badanstalt) Museum Trotte, Arlesheim

Seite 23: (Dorfbrunnen, alt und neu) Museum Trotte, Arlesheim

Seite 24: (Pumpstation) Museum Trotte, Arleseim

Seite 24: (Buch Wiltfeber) P. Stingelin, Arlesheim

Seite 25: (Inserat «Warnung») R. Jenzer, Arlesheim

Seite 25: (Gärtnerei Henner) Museum Trotte, Arlesheim

Seite 26: (Otto Rüegg) R. Jenzer, Arlesheim

Seite 27: (Steinbruch) E. Heller-Surber, Aesch

Seite 28: (Soldaten Dorfgasse) Museum Trotte, Arlesheim

Seite 30: (Dorfstrasse) A. Dietrich, Arlesheim

Seite 32: (Baustelle Stollenrain) Museum Trotte, Arlesheim

Seite 34: (Lastwagen Birseckstrasse) Museum Trotte, Arlesheim

Seite 34: (Birseckstrasse) R. Jenzer, Arlesheim

Seite 35: (Birseckstrasse) Museum Trotte, Arlesheim

Seite 35: (Inserat) J. Seiberth, Arlesheim

Seite 36: («Chrum-Sepp») H. Haenggi, Arlesheim; Museum Trotte, Arlesheim

Seite 37: («Schlangenhansi») Heimatblätter BL

Seite 38: (Glockenweihe) A. Heller, Arlesheim; Museum Trotte, Arlesheim

Seite 40: (Emil Frey, beide) Museum Trotte, Arlesheim

Seite 41: (Blick von Hauptstrasse) A. Dietrich, Arlesheim

Seite 42: («Elsässer») Museum Trotte, Arlesheim

Seite 44: (Burg Reichenstein) Denkmalverzeichnis Arlesheim, Museum Trotte, Arlesheim

Seite 46: (Reichenstein, alt und neu) Museum Trotte, Arlesheim

Seite 46: (Rittersaal) Geschichte der Burg Reichenstein, Gottlieb Wyss, Arlesheim 1974.

Seite 47: (Bestattung, beide) Fotoalbum TV Arlesheim

Seite 48: (Ita Wegman) Ita Wegman Klinik, Arlesheim

Seite 48: (Ita Wegman Klinik) A. Dietrich, Arlesheim

Seite 49: (Goetheanum, Weleda Maschinenraum und Labor) Weleda AG, Arlesheim

Seite 50: (Marie Schaulin) K. Heller; Museum Trotte, Arlesheim

Seite 51: (Winzer-Wagen) Museum Trotte, Arlesheim

Seite 52: (Obere Gasse) Museum Trotte, Arlesheim

Seite 54: (Ortswehr-Frauen) Museum Trotte, Arlesheim

Seite 56: (Ortswehr, beide) Museum Trotte, Arlesheim

Seite 57: (UNO Clique) O. Stalder, Arlesheim

Seite 57: (Ochsensaal) Fotoalbum TV Arlesheim

Seite 57: (Banntag) St. Heller, Arlesheim

Seite 58: (Karte Guisan) W. Bloch, Arlesheim

Seite 59: (Max Frisch, beide) J. Seiberth, Arlesheim

Seite 60: (Aernschd Schaad) Fam. Amport-Schaad, Arlesheim

Seite 61: (Pyramide, Turnverein) Fotoalbum TV Arlesheim

Seite 62: (Schwimmbad) R. von Arx, Basel; Museum Trotte, Arlesheim

Seite 64: (FC Arlesheim) Fotoalbum FC Arlesheim

Seite 66: (Stabhochsprung) Fotoalbum TV Arlesheim

Seite 66: (FC Arlesheim) H.R. Tschudin; Museum Trotte, Arlesheim

Seite 67: (TV Arlesheim, beide) Fotoalbum TV Arlesheim

Seite 68: (Tennis) Tennis Club, Arlesheim

Seite 69: (Werner Kilcher, beide) Fam. Kilcher

Seite 70: (Gewerbeausstellung, beide) Fotoalbum Gewerbeverein Arlesheim, R. Jenzer, Arlesheim

Seite 71: (Alfred Rasser) Theater Fauteuil, Basel

Seite 72: («Glöggliwagen») Familie Vogelsanger; Museum Trotte, Arlesheim

Seite 74: (Lehrer) W. Bloch, Arlesheim

Seite 76: (Klassenfoto, O. Studer) F. Heller, Basel

Seite 76: (Klassenfoto) W. Bloch, Arlesheim

Seite 77: (Domplatzschulhaus) R. Jenzer, Arlesheim

Seite 79: (Gerenmatte I) Museum Trotte, Arlesheim

Seite 79: (Brunnenplastik) Museum Trotte, Arlesheim

Seite 80: (Rebberg) Museum Trotte, Arlesheim

Seite 81: (Fam. Heller) K. Heller, Museum Trotte, Arlesheim

Seite 82: (Temple Rustique) A. Muelhaupt, Basel; Museum Trotte, Arlesheim

Seite 84: (Spanferkel) R. Jenzer, Arlesheim

Seite 85: (Stuhlübergabe) Fotoalbum, Säulizunft, Arlesheim

Seite 86: (Waldbruder) R. Jenzer, Arlesheim

Seite 87: (Talzünfte) Fotoalbum, Säulizunft, Arlesheim

Seite 88: (Traktor auf Feld) Rippstein; Museum Trotte, Arlesheim

Seite 90: (Schappe) L. Jeck, Basel, Museum Trotte, Basel

Seite 92: (Verpackungsraum) Museum Trotte, Arlesheim

Seite 92: (Schappe) Staatsarchiv Basel-Land

Seite 93: (Inserat und Markt) R. Jenzer, Arlesheim

Seite 94: (Dorfplatz) R. Jenzer, Arlesheim

Seite 95: (Gebrüder Grabowsky) Basler Zeitung

Seite 96: (Georg Langenbach) M. Langenbach, Baden

Seite 97: (Jeka AG) R. Jenzer, Arlesheim

Seite 98: (Überschwemmung, Ermitagestrasse) Bauverwaltung Arlesheim; Museum Trotte, Arlesheim

Seite 100: (Dorfplatz Umbau) Museum Trotte, Arlesheim

Seite 102: (Pflästerung Dorfplatz) V. und R. Jeck, Reinach

Seite 103: (Trotte) Museum Trotte, Arlesheim

Seite 104: (Brand Andlauerhof) R. Jenzer, Arlesheim

Seite 105: (Einkaufsbus) R. Jenzer, Arlesheim

Seite 106: (Bildstöckli) Museum Trotte, Arlesheim

Seite 107: (Demeter Erinys) R. Jenzer, Arlesheim

Seite 108: (Jazzkonzert) D. Prod'hom, Arlesheim

Seite 109: (Plakat Domfest) Museum Trotte, Arlesheim

Seite 110: (Tempo 30) H. Leuthardt, Reinach

Seite 112: (Cinema Paradiso) E. Hänggi, Arlesheim

Seite 115: (Theater) S. Hasenböhler, Basel

Seite 116: (Plastik, Magoni) A. Muelhaupt, Basel; Museum Trotte, Arlesheim

Seite 117: (Tramdepot) M. Eggimann, Basel; Museum Trotte, Arlesheim

Seite 118: (Höhlenbewohner) H. Walther, Arlesheim; Museum Trotte, Arlesheim

Seite 119: (Tipi, beide) H. Walther, Museum Trotte, Arlesheim

Seite 121: (Weihnachtsmarkt) R. Jenzer, Arlesheim

Seite 122: (Rebberg) R. Jenzer, Arlesheim

Seite 124: (Flugbild) Museum Trotte, Arlesheim

Seite 126: (Flugbild) Museum Trotte, Arlesheim

Herausgegeben von der Säulizunft Arlesheim
zum Jubiläum ihres 40-jährigen Bestehens

Autoren
Ruedi Brassel-Moser (rb)
Didier Clapasson (dc)
Fredy Heller-Iten (fh)
Marcel Huber
Ruedi Jenzer (rj)
Peter Koller (pk)
René Salathé (rs)
Jürg Seiberth (js)
Peter Stingelin (ps)
Freddy Widmer (fw)
Kalle Zeller

Initianten
Thomas Bloch
Ruedi Jenzer
Alois Schmidlin
Peter Stingelin

Herausgegeben im Jahr 2009
© der Texte liegt bei den Autoren
© der Bilder liegt bei den Fotografen

Hauptsponsoren
Gemeinde Arlesheim

LOTTERIEFONDS BASEL-LANDSCHAFT

Druckerei Bloch AG, Arlesheim
Futuro Immobilien AG, Arlesheim
Basellandschaftliche Kantonalbank, Arlesheim

Spender
Antalis AG, Lupfig
Buchbinderei Grollimund AG, Reinach
Bürgergemeinde Arlesheim
Freunde des Doms zu Arlesheim
Jenzer Fleisch & Feinkost AG, Arlesheim
Otto Stalder, Arlesheim
Stiftung Obesunne, Arlesheim

Die Säulizunft bedankt sich bei allen Sponsoren und Gönnern für die finanzielle Unterstützung.

Impressum
Redaktion: Freddy Widmer
Gestaltung: Didier Clapasson
Bildauswahl: Peter Stingelin, Ruedi Jenzer, Didier Clapasson
Korrektorat: Hans Weder
Produktion, Finanzen: Thomas Bloch
Druck: Druckerei Bloch AG, Arlesheim
Buchherstellung: Buchbinderei Grollimund AG, Reinach
Gedruckt auf Claro Bulk, 135g, von Antalis AG, Lupfig

ISBN 978-3-033-02193-8

Für Ihre Erinnerungen, Ergänzungen und Korrekturen:
www.arlesheim20.ch

myclimate

Dieses Buch wurde klimaneutral gedruckt.